L'IMPÔT

SUR LES

BÉNÉFICES INDUSTRIELS
ET COMMERCIAUX

ET LES

ENTREPRISES D'ASSURANCES, DE CAPITALISATION
ET D'ÉPARGNE

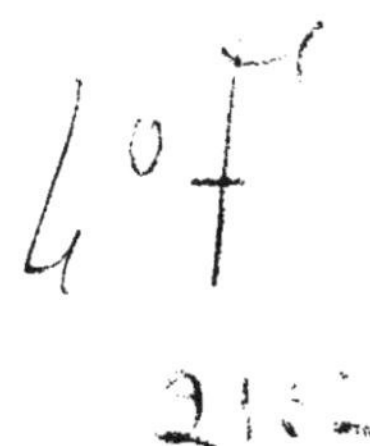

RENÉ DROZ

DOCTEUR EN DROIT
LICENCIÉ ÈS SCIENCES MATHÉMATIQUES
ACTUAIRE

L'IMPÔT

SUR LES

BÉNÉFICES INDUSTRIELS

ET COMMERCIAUX

ET LES ENTREPRISES D'ASSURANCES, DE CAPITALISATION

ET D'ÉPARGNE

PARIS

LIBRAIRIE DALLOZ

11, RUE SOUFFLOT, 11

1928

L'IMPOT

SUR LES

BÉNÉFICES INDUSTRIELS ET COMMERCIAUX

ET LES

ENTREPRISES D'ASSURANCES, DE CAPITALISATION ET D'ÉPARGNE

INTRODUCTION

Les entreprises d'assurances, de capitalisation et d'épargne présentent un caractère commun ; elles font appel à la prévoyance et à l'épargne publiques et procèdent à un aménagement rationnel de leurs ressources en vue d'un but bien défini. Ce but, c'est la conservation et la protection des patrimoines privés. Certes, l'individu isolé peut essayer de réaliser la constitution et la protection d'un patrimoine par l'épargne individuelle et la surveillance attentive et continue de ses biens ; mais le but poursuivi sera rarement atteint. Quelles que soient sa science et sa sagesse, l'individu isolé ne pourra vaincre seul les calamités qui, à chaque instant, menacent sa personne et son patrimoine. Les entreprises d'assurances, de capitalisation et d'épargne, au contraire, en déchargeant les hommes d'une responsa-

R. **Droz**   1

bilité individuelle irréductible, répondent à une nécessité morale et sociale. La vertu morale de ces institutions est apparue surtout, depuis que la science s'est imposée dans leur fonctionnement et l'on peut dire, aujourd'hui, que l'individu obtient, grâce à elles, le maximum de sécurité et de satisfaction avec le minimum de sacrifice. La vertu sociale de ces entreprises, du fait encore de la science qui les gouverne, a rapproché les individus et les a groupés dans une vaste communauté organisée.

L'importance de ces vertus, morale et sociale, n'a pas échappé au législateur. Des lois de surveillance et de contrôle ont été promulguées qui concernent surtout les entreprises appelées à gérer une accumulation de capitaux *pour le compte des assurés ;* le législateur, en règlementant les emplois de leurs fonds, en instituant un tarif minimum, a bien compris toute l'importance de son rôle, aussi faut-il approuver les lois de contrôle malgré leur sévérité.

Mais cette accumulation de capitaux, gérés pour le compte d'autrui par des entreprises *privées*, est une proie alléchante. Les débats parlementaires qui ont abouti péniblement, à un aménagement de l'impôt sur les bénéfices industriels et commerciaux pour ces entreprises permirent, une fois de plus, à la doctrine socialiste de développer ses meilleurs arguments contre l'organisation privée du capital. Principalement les entreprises d'assurances sur la vie, riches en capitaux d'autrui, c'est-à-dire « riches en dettes », étaient propices aux effets électoraux et c'est tout naturellement que les débats conduisirent M. Bokanowski à déclarer : « Nous sommes prêts, « ce soir, à mettre en présence... la doctrine socia- « liste, plus ou moins directe, plus ou moins brutale « (*applaudissements au centre et à droite*), et la doc- « trine de la liberté et de la responsabilité indivi- « duelle, nous ne serons pas fâchés que le gouverne- « ment nous dise nettement vers laquelle de ces deux « doctrines il penche ! (*applaudissements au centre* « *et à droite.*) » (1)

Le quasi-monopole de fait des entreprises d'assu- rances ne manqua pas d'être invoqué. Il fut vive- ment combattu. En effet, si le législateur a instauré un tarif minimum, frein scientifique à l'avilissement des taux de primes, avilissement préjudiciable à l'accomplissement intégral des vertus de l'assu- rance, il n'a pas supprimé la concurrence. Les deux formes antagonistes d'entreprises subsistent, la forme mutuelle, en principe désintéressée et la forme à primes fixes, en principe intéressée ; la distribution de bénéfices aux assurés eux-mêmes reste un moyen très efficace de concurrence, moyen sans danger, d'ailleurs, puisqu'il repose sur des bénéfices acquis et jugés définitifs. Pour les entre- prises non contrôlées, c'est la lutte des tarifs qui intervient et la concurrence est telle que « c'est à coup de réduction sur les primes que les compa-

---

1. Débats, Chambre, 2ᵉ séance du 2 juillet 1925, p. 3122.

gnies se disputent la clientèle » (1). D'autre part, le cercle des entreprises exploitant l'assurance n'est pas fermé, de nouvelles compagnies se forment et peuvent se former sous la seule réserve de satisfaire à la réglementation spéciale à chaque entreprise.

L'article 82 de la loi de finances du 13 juillet 1925 procède à une adaptation de la cédule des bénéfices industriels et commerciaux aux entreprises d'assurances, de capitalisation et d'épargne ; l'étude de cette adaptation est l'objet de notre travail.

Les raisons qui ont présidé à cette adaptation ont été trouvées dans une prétendue exemption de fait de ces entreprises. Le rapporteur général au Sénat, M. Henry Bérenger, disait : « En fait, à l'heure « actuelle, les compagnies d'assurances échappent à « l'impôt sur les bénéfices industriels et commerciaux « auquel elles sont cependant soumises par la loi » (2). Si nous nous rappelons que le raisonnement est fondé sur l'assurance-vie, cette exemption de fait n'a rien de répréhensible, car mieux que toute autre société commerciale, l'assurance-vie paie de nombreux impôts qui pourraient justifier une exemption de fait.

Les entreprises d'assurance-vie supportent les impôts généraux suivants :

---

1. Débats, Chambre, 2ᵉ séance du 2 juillet 1925, p. 3123 (discours Bokanowski).

2. Doc. parl. Sénat, 1925, annexe n° 402, p. 992.

L'impôt sur le revenu des valeurs mobilières (loi du 29 juin 1872 ; cod. art. 51).

L'impôt sur les lots et primes de remboursement (art. 5, loi du 21 juin 1875 ; cod. art. 71).

L'impôt sur le revenu des créances, dépôts et cautionnements (art. 38, loi du 31 juillet 1917 ; cod. art. 65).

L'impôt sur les revenus fonciers (loi du 1er décembre 1790).

La taxe des biens de main-morte (loi du 20 février 1849).

La taxe spéciale sur le chiffre d'affaires (art. 83, loi du 13 juillet 1925 ; cod. art. 24).

La taxe d'apprentissage (art. 36, loi du 13 juillet 1925).

Les frais de surveillance et de contrôle (art. 13 de la loi du 17 mars 1905).

Et en outre de nombreuses autres taxes de caractère local dont nous passons l'énumération.

Les plus importants de ces impôts frappent les revenus des capitaux mobiliers et immobiliers détenus par ces entreprises. Ces impôts réduisent considérablement le rendement des placements et jettent une perturbation profonde dans le fonctionnement des exploitations. Il ne faut jamais perdre de vue qu'en assurance-vie, une relation étroite existe entre le rendement net des placements et les éléments techniques industriels, et qu'une fiscalité trop lourde sur les revenus patrimoniaux peut détruire cette relation. Les impôts sur les revenus des capitaux ont été considérablement augmentés au cours de ces dernières années tandis que les patrimoines ont été constitués, en grande partie, à une époque où la fiscalité était beaucoup plus douce. Cette charge légère d'impôt a été considérée avec un caractère de stabilité lorsque les compagnies ont émis des contrats à long terme, non susceptibles de révision. Ainsi, les entreprises d'assurances supportent, comme conséquence de l'accumulation de capitaux exigée par leur fonctionnement spécial, des charges cédulaires très lourdes et imprévues sur des capitaux anciens.

D'ailleurs il était normal que le revenu net du patrimoine déjà imposé fût distrait du bénéfice total de l'entreprise et il n'est pas surprenant de constater que cette déduction ait conduit à une exemption de fait pour les entreprises d'assurances sur la vie tout au moins. Cette exemption de fait était d'ailleurs la conséquence de la déduction brutale et intégrale de tout le revenu net mobilier et immobilier. Nous verrons, au cours de notre étude, que cette exemption de fait pouvait disparaître par l'application rationnelle du droit commun fiscal, par la répartition judicieuse des charges de l'exploitation industrielle et de la gestion patrimoniale, sans instituer un impôt injuste et exceptionnel.

L'anomalie de cette exemption de fait ne pouvait pas se présenter avec le régime de la patente. L'impôt des patentes (loi du 15 juillet 1880) étant basé sur les signes extérieurs frappait les entreprises d'assurances sans prendre en considération les revenus effectifs. Leur régime était variable suivant la forme et la nature de leurs opérations ; elles étaient sujettes à un droit fixe et à un droit proportionnel et les entreprises mutuelles régulièrement autorisées étaient exonérées.

Ainsi les entreprises d'assurances, assujetties à la patente, avant sa suppression comme impôt d'Etat, se trouvaient, dans certains cas, exemptées *en fait* de l'impôt nouveau sur les bénéfices industriels et commerciaux institué par la loi du 31 juillet 1917. La suppression de cette anomalie fut législative alors qu'elle aurait pu être purement administrative ; il faut le regretter car l'article 82 de la loi du 13 juillet 1925 détruit l'harmonie et la cohésion qui se réalisaient dans la cédule des bénéfices industriels et commerciaux avec l'article 2 de la loi du 13 juillet 1925. Ce dernier article règlait en effet la répartition des frais généraux entre l'exploitation industrielle et la gestion patrimoniale.

L'aménagement que prétend réaliser l'article 82 de la loi du 13 juillet 1925 ne fut d'ailleurs pas immédiatement envisagé. Le Gouvernement dans le projet de budget n° 441 (*J. O.* du 12 décembre 1924) avait proposé la création d'une taxe nouvelle de 1 % du montant des primes annuelles qui devait être entièrement supportée par les compagnies (cette taxe était réduite pour certaines entreprises). Ce projet accepté par la Chambre fut disjoint par le Sénat et repris avec des taux différents au Rapport

Général de M. Lamoureux (1). La taxe était portée à 3 % mais 2 % devaient être supportés par les assurés. Le principal grief porté contre cette proposition fut la crainte que la taxe ne fût finalement supportée par les assurés pour sa valeur totale et qu'elle ne suscitât une impopularité qu'il était opportun d'éviter. Dès lors, l'amendement de M. Duboin devait être discuté avec empressement. Cet amendement tendait à faire admettre une taxe de 20 % sur le montant des bénéfices effectivement réalisés par les compagnies. Le procédé était des plus faciles, « il s'agit « simplement de mettre ensemble les bénéfices « industriels et les bénéfices de réserves, vous arri- « verez à un revenu global auquel nous appliquerons « l'impôt sur le revenu » (2) ainsi s'exprimait M. Duboin et il appelait cette taxe une « participation aux bénéfices ». Cette dénomination dans laquelle M. John Lambert voyait « quelque chose de nouveau dans notre droit fiscal » (3), suscita de vives critiques et fut remplacée par le mot « impôt ». « Cet article « n'institue pas une ingérence de l'Etat dans la ges- « tion des compagnies d'assurances, ni une partici- « pation directe dans leurs bénéfices. Il se borne à « grouper tous les éléments productifs de bénéfices « pour les compagnies, afin de soumettre l'ensemble « de ces éléments à l'impôt cédulaire sur le revenu « et à faire cesser une exonération de fait.

1. Doc. parl., Chambre, 1925, annexe n° 1759, p. 884.
2. Débats, Chambre, 2ᵉ séance du 2 juill. 1925, p. 3118.
3. Débats, Chambre, 2ᵉ séance du 2 juill. 1925, p. 3120.

« Dans l'état actuel de nos finances, nous ne pou-
« vons qu'approuver un tel principe...

« Mais pour que ce principe même ne puisse don-
« ner lieu à aucune confusion, nous avons voulu pré-
« ciser dans le texte qu'il s'agissait en la circons-
« tance d'une simple adaptation de l'impôt sur les
« bénéfices industriels au cas particulier des socié-
« tés d'assurances.

« Nous avons donc supprimé le terme inexact de
« participation aux bénéfices et l'avons remplacé
« par une formule souvent répétée dans nos lois fis-
« cales » (rapport Bérenger précité).

L'amendement Duboin devenait l'article 82 de la
loi du 13 juillet 1925 (cod. art. 20) sous la forme
d'impôt sur le *revenu net global* constitué par la
*somme du bénéfice net industriel et des revenus nets
mobiliers et immobiliers de toute nature.* Les conditions d'application devaient être déterminées par
un règlement d'administration publique qui est
intervenu le 28 mai 1926 (*J. O.* du 29 mai 1926) et
les dispositions nouvelles étaient longuement commentées par l'Administration des Contributions
directes dans sa circulaire n° 1464 du 29 juin 1926
(publiée au *Recueil Dupont*, 1926, p. 499 et suivantes). Avant d'indiquer le plan de notre étude,
nous allons mentionner les caractères distinctifs
essentiels des dispositions nouvelles applicables
aux entreprises d'assurances, de capitalisation et
d'épargne.

1° Ces dispositions portent une atteinte grave au

principe de l'autonomie des cédules ; l'article 82 de la loi du 13 juillet 1925 consacre l'imposition des mêmes revenus mobiliers et immobiliers à *deux* cédules déterminées (1).

2º Le nouvel impôt est étendu au revenu net global réalisé en Algérie, aux Colonies et Pays de Protectorat alors que la cédule de droit commun ne frappe que les bénéfices des exploitations en France. Des règles spéciales ont été fixées pour l'exemption des bénéfices étrangers en particulier pour les entreprises d'assurances maritimes et de réassurances.

3º L'imposition des entreprises étrangères est envisagée sous deux formes : la forme applicable aux entreprises françaises, basée sur le revenu net global réel et la forme forfaitaire basée sur une notion nouvelle de prospérité, alors qu'au contraire, la cédule de droit commun réalisait intégralement l'imposition sur le bénéfice réel avec l'article 9 de la loi du 4 avril 1926 (cod. art. 4).

4º L'article 82 de la loi du 13 juillet 1925 réalise un progrès, l'admission des reports déficitaires jusqu'au cinquième inclusivement ; cette faveur est, à notre avis, la contre-partie d'un ensemble de dispositions très rigoureuses.

Les caractères distinctifs que nous venons d'énumérer constituent, en général, un recul dans l'évolution du droit fiscal cédulaire et introduisent, à l'intérieur même du nouveau texte, des inégalités

---

1. Comp. Allix et Lecerclé, *L'impôt sur le revenu*, t. II, p. 81.

de taxation ; il appartient à la jurisprudence d'en atténuer les effets et à l'Administration d'adopter une interprétation souple, afin de réaliser une imposition juste et d'éviter « le danger social de cer-« taines tendances actuelles qui cherchent la res-« tauration des finances publiques dans la destruction « des finances privées » (1).

PLAN

PREMIÈRE PARTIE. — Les bases techniques des contrats d'assurances, de capitalisation et d'épargne. Fonctionnement de ces entreprises.

DEUXIÈME PARTIE. — Imposition des entreprises françaises d'assurances, de capitalisation et d'épargne. — Entreprises imposables, exemptions. — Eléments du revenu net global imposable avec étude particulière des éléments spéciaux : réserves techniques et de garantie, amortissement des moins-values d'actif, conditions d'exemption des plus-values de réalisation d'actif, reports déficitaires. — Territorialité de l'impôt, domaine d'application, bénéfices étrangers.

TROISIÈME PARTIE. — Imposition des entreprises étrangères d'assurances, de capitalisation et d'épargne. — Bénéfice réel et bénéfice forfaitaire.

CHAPITRE SPÉCIAL. — Etude comparative des entreprises étrangères d'assurances, de capitalisation et d'épargne. — Difficultés. — Imposition du revenu des réserves libres.

CONCLUSION.

1. Allix, *Traité élémentaire de Science des Finances*, 5ᵉ édit., 1927, p. VI.

PREMIÈRE PARTIE

Le fonctionnement technique des entreprises d'assurances, de capitalisation et d'épargne.

Notre but n'est pas de faire la théorie complète du fonctionnement des entreprises d'assurances, de capitalisation et d'épargne. L'étude de ce fonctionnement a déjà été faite d'une façon très précise et très diversifiée. Les ouvrages purement techniques ou de vulgarisation sont nombreux et des thèses excellentes ont été soutenues, qui se réfèrent à cette matière (1).

Nous nous trouvons en face d'un problème fiscal très complexe qui concerne et qui atteint les éléments financiers de ces entreprises. Si nous nous contentions de faire ici une œuvre de vulgarisation nous manquerions certainement notre but. Si nous faisions un développement purement technique, disons actuariel, nous pourrions rebuter le lecteur au seuil même de notre travail. Nous pensons que

1. On trouvera dans la bibliographie qui termine notre travail, les publications qui concernent l'assurance, la capitalisation et l'épargne. Cette bibliographie n'est pas complète et nous nous excusons des omissions que nous avons dû commettre.

la conduite la plus sage consiste à présenter le fonctionnement des entreprises d'assurances, de capitalisation et d'épargne sous une forme descriptive conforme à la science actuarielle.

Nous nous sentons infiniment petit en présence de cette tâche considérable. Nous n'y réussirons peut-être pas, mais nous demandons l'indulgence d'une part, de ceux, parmi nos lecteurs, qui n'ont pas l'obligation d'envisager habituellement les problèmes arides que l'exploitation de l'assurance, de la capitalisation et de l'épargne impose, d'autre part, de ceux, parmi nos collègues actuaires, qui pourraient considérer que nous avons contribué à faire dégénérer une science dont ils peuvent être fiers.

Nous n'envisagerons, dans la description que nous allons tenter, que les seuls éléments techniques et financiers qui peuvent présenter un intérêt au point de vue fiscal.

CHAPITRE PREMIER

DÉFINITIONS ET CLASSIFICATION

L'article 82 de la loi du 13 juillet 1925 concerne les entreprises d'assurances, de capitalisation et d'épargne.

Au point de vue de leur fonctionnement, ces entreprises présentent l'analogie suivante : en échange de primes ou de cotisations, uniques ou périodiques, versées par les assurés ou souscripteurs de contrats, elles s'engagent à payer des capitaux d'une valeur plus grande. L'époque, l'importance et le nombre des recettes de primes et des dépenses de capitaux sont prévues d'une façon certaine, ou sont plus ou moins aléatoires. Il convient à ce point de vue, de distinguer les trois catégories d'entreprises.

• *a*) **Entreprises d'épargne**. — Le souscripteur d'un contrat s'engage à payer une cotisation déterminée, au cours d'une période déterminée. L'entreprise s'engage à faire fructifier une partie déterminée de ces cotisations et payera, à une époque fixée, le capital obtenu par ses placements. L'entreprise d'épargne vit sur les chargements incorporés dans les cotisations et réalise une simple gestion des cotisations. Les risques, en matière d'épargne, appartiennent aux souscripteurs et non à l'entreprise d'épargne. Ces entreprises présentent un intérêt théorique très réduit au regard de la loi fiscale.

b) **Entreprises de capitalisation**. — Le souscripteur d'un titre s'engage à payer une cotisation déterminée au cours d'une période déterminée. En échange, l'entreprise s'engage à payer à une époque déterminée un capital determiné (1). A titre d'exemple, le souscripteur s'engage à payer 5 frs par mois pendant quinze ans ; en échange, l'entreprise s'engage à payer la somme de 1.000 francs, au bout de quinze ans. Sous cette forme, l'entreprise de capitalisation court un risque, celui de ne pas réaliser un taux d'intérêt de ses placements suffisant pour constituer le capital prévu. Ce risque d'intérêt existe aussi en matière d'assurances.

Le contrat de capitalisation peut être plus complexe. L'entreprise peut s'engager à payer le capital prévu avant l'époque fixée, par le procédé des tirages au sort. Ces tirages sont réglés mathémati-

---

1. Il peut paraître fastidieux de rencontrer à chaque instant le mot « déterminé ». Cette répétition est voulue et cherchée, car nous aurons constamment à l'esprit au cours de cette description, les conséquences fiscales des éléments constitutifs des entreprises. Les mots, au point de vue fiscal, peuvent avoir des conséquences considérables. Nous ne nous sommes donc pas attaché à éviter des défauts de rédaction, lorsque ces défauts pouvaient aider à la compréhension des conséquences fiscales, que ces mots peuvent contenir.

quement, mais l'entreprise court, néanmoins, un risque. Ce risque réside dans l'application des lois du hasard. Ces lois peuvent désigner pour le remboursement aussi bien un titre nouveau qu'un titre ancien (1). Un risque de distribution existe certainement, mais il se présente également en assurance-vie. Nous nous reportons donc, d'une façon naturelle à l'étude du risque en matière d'assurance sur la vie.

c) **Entreprises d'assurances**. — En assurance, l'époque du paiement des capitaux, ou le montant même de ces capitaux peuvent être incertains. De plus, les recettes de primes sont elles-mêmes incertaines. Le paiement des capitaux se fait généralement à l'arrivée d'une éventualité fâcheuse qui atteint l'assuré dans sa personne ou dans ses biens. Cette éventualité fâcheuse est le « risque ». Chacun de nous court des risques. Nous courons tous le risque de mourir prématurément, de perdre une partie de nos biens par le vol ou par l'incendie, et même de nous marier et d'avoir des enfants. L'entreprise d'assurances assume, à la place de l'intéressé, la charge de ces risques. Elle recevra d'ailleurs, au moyen de la prime versée par l'intéressé, la contre-partie de la charge qu'elle consent à supporter. On dira alors d'une entreprise qu'elle exploite

---

1. L'étude pratique de ce risque a justement été faite en matière de capitalisation ; nous en reparlerons.

le « risque » d'incendie, lorsqu'elle s'engage à in-
demniser ses assurés qui seront victimes du feu,
qu'elle exploite le « risque » de décès, lorsqu'elle
s'engage à payer un capital au moment du décès
d'une personne...

Mais, les «risques» que peut supporter un individu
ne peuvent pas tous être exploités par les entreprises.
Il y a des « risques assurables » et des « risques non
assurables ». Le risque assurable doit être régi par
les seules lois du hasard (1). Actuellement, les risques considérés comme assurables sont multiples.
Citons à titre d'exemple, les risques de décès, d'incendie, d'accident, de vol...La réalisation du risque
s'appelle le sinistre.

1. Il peut intervenir d'autres conditions qui se réfèrent par
exemple, à l'ordre public, aux possibilités pratiques... Ces conditions particulières n'interviennent pas au point de vue technique.

CHAPITRE II

ANALYSE DES RISQUES ASSURABLES

Nous avons dit qu'un risque assurable doit être régi par les lois du hasard. D'autre part, on a coutume d'exprimer que le hasard n'obéit à aucune loi. Pour concilier ces deux assertions, il faut faire appel à la notion de probabilité. La comparaison des probabilités respectives de diverses éventualités se rapportant à un même objet, nous est familière ; elle guide la plupart de nos actes journaliers. Nous admettons que l'homme sait reconnaître intuitivement l'égale probabilité de plusieurs éventualités simples, telles qu'une seule de ces éventualités puisse se réaliser. Cette notion d'égale incertitude dérive de notre expérience personnelle ou ancestrale. Ainsi, par exemple, un dé cubique et homogène étant jeté avec force à l'aide d'un cornet, nous savons qu'il y a égale probabilité d'arrivée de l'une quelconque des faces (1)

---

1. L'introduction de la notion de probabilité peut paraître complexe. Nous ne pensons pas d'ailleurs, que la compréhension immédiate de cette notion soit indispensable, car la suite de nos développements doit la rendre compréhensible. On trouvera, toutefois, des développements étendus dans : Laplace, Introduction du tome VII des *Œuvres complètes* publiées par Gauthiers-Villars, 1886 ; Richard et Petit, *Théorie mathématique des assurances*, t. I, 1922 ; Poterin du Motel, *Théorie des assurances sur la vie*, 1899.

Les probabilités. —Etant donné m éventualités d'égale probabilité, telles que une et une seule doive se produire, si sur ces m éventualités, il y en a n qui entraînent la réalisation d'un événement attendu, la probabilité de cet événement est *par définition* $\dfrac{n}{m}$. C'est ce qu'on appelle faire le rapport du nombre des cas favorables au nombre des cas possibles.

Si un événement a la probabilité p de se produire et si l'on fait N expériences, le nombre probable d'arrivées de cette éventualité est Np. Le nombre effectif d'arrivées de l'événement pourra s'écarter, plus ou moins, de cette quantité ; soit n ce nombre effectif d'arrivées, la différence $n\text{-}Np$ s'appelle l'écart relatif aux expériences effectuées.

Lorsque l'on procède à un petit nombre d'expériences, relatives à une éventualité, la valeur probable obtenue n'a que la valeur d'une indication. Au contraire, le calcul des probabilités prend une importance effective lorsqu'il se transforme en calcul de moyennes.

Si l'on fait un très grand nombre d'expériences, on constate facilement que les écarts sont d'ordre infiniment petit vis-à-vis des valeurs probables ou valeurs moyennes.

En résumé, on n'obtiendra une garantie sur le nombre d'arrivées d'un événement, qu'à la condition de pouvoir : 1° déterminer, par le calcul, la probabilité de cet événement et 2° répéter l'expérience pouvant donner lieu à l'arrivée de cet événement, un nombre de fois suffisamment grand, la limite inférieure de ce nombre étant déterminable par le calcul. Ceci constitue le théorème de Bernoulli.

Nous n'avons considéré, jusqu'à maintenant, qu'une même éventualité attendue avec une probabilité constante. En réalité, on a plus souvent à considérer des éventualités différentes de probabilités différentes. Pour un même événement dont la probabilité varie avec chaque expérience, la loi des grands nombres indiquée par Poisson s'applique. Le calcul des probabilités n'offrira alors une garantie que s'il y a homogénéité suffisante pour que la loi des grands nombres puisse s'appliquer à chaque éventualité distincte. Prenons le cas simple de N individus dont on attend la mort dans l'année ; si p_1, p_2, p_3, p_n sont les probabilités respectives de décès de chacun d'eux et si N est suffisamment grand, le nombre réel des décès observés différera très peu de $p_1 + p_2 + p_3 + ... + p_n$ (1).

Si le groupe des N individus est un groupe fermé, l'année suivante, le nombre des décès calculé différera très peu du nombre des décès observé, et ainsi de suite. Dans l'avenir, donc, l'ensemble des décès des N individus se répartira suivant les prévisions des calculs ; cependant de légers écarts peuvent

---

1. Les probabilités p_1, p_2, p_3, p_N ne sont pas forcément différentes ; certaines d'entre elles peuvent être égales. Ainsi, si les individus ont le même âge, les probabilités de décès sont identiques.

altérer les résultats. Il en est de même si le groupe des individus est ouvert, c'est-à-dire si le groupe est augmenté d'individus nouveaux et diminué par des départs dus à d'autres causes que la mort. Il faudra, cependant, que le groupe contienne toujours un nombre d'individus assez grand. Le cas se présente lorsque l'on considère une population ou un groupe d'assurés.

L'assurance repose sur ces principes. Un individu isolé n'a aucune garantie sur la survenance du sinistre, bien qu'il en connaisse la probabilité. L'entreprise d'assurances sait, elle, qu'en groupant un nombre suffisant d'assurés, les écarts entre les sinistres calculés et les sinistres réalisés seront d'ordre très petit.

Application des probabilités. — Nous avons vu que les prévisions relatives à la réalisation des sinistres étaient basées sur le calcul des probabilités ; il faut donc connaître ces probabilités. Dans le cas particulier de l'assurance sur la vie, il faut connaître la probabilité de décès, pendant une période déterminée, d'un individu d'âge donné.

La détermination de cette probabilité est basée sur le théorème de Bayes ou de la probabilité des causes qui s'énonce comme suit : Si un événement est survenu et a pu être observé un assez grand nombre de fois, on peut en déterminer la probabilité.

La détermination des probabilités est faite par l'expérience, et se ramène à un calcul de moyennes par l'application des méthodes scientifiques de la statistique.

Ajustement des résultats. — Les chiffres obtenus par les calculs de moyennes basées sur les expériences sont entachés d'erreurs, du fait que le nombre des expériences effectuées n'est pas suffisamment grand. La condition de la certitude d'après le théorème de Bernoulli est que la racine carrée du nombre des expériences soit infiniment petite vis-à-vis de ce nombre. Cette condition sera rarement satisfaite. Dès lors, on pourra trouver des résultats bruts inadmissibles. On obtiendra, par exemple, une probabilité de décès plus grande à 55 ans qu'à 56 ans alors qu'on sait que l'inverse se produit en réalité.

On est donc conduit à ajuster les résultats obtenus, c'est-à-dire à les modifier, pour qu'ils suivent une loi régulière, conforme à la réalité. Cet ajustement peut se faire par divers procédés mais, actuellement, on adopte toujours le procédé analytique. On se donne, *a priori*, une loi représentative de la probabilité, déterminée par l'analyse mathématique. Les résultats bruts sont remplacés par d'autres résultats qui appartiennent à la loi, et tels que la courbe représentative de la loi soit la plus voisine de la ligne représentative des résultats bruts. Ce procédé d'ajustement analytique est très supérieur aux autres procédés relativement aux applications pratiques ; on peut choisir, en effet, une loi qui se prête facilement aux calculs.

C'est par application de ces principes qu'a été construite la table AF indiquant les probabilités de décès, à chaque âge, des assurés français. Cette table a été établie, à partir de 1876, à l'aide des statistiques fournies par les expériences des grandes compagnies d'assurances de cette époque. Les observations recueillies s'étendirent de 1819 à la fin de l'année 1887. Les résultats bruts obtenus furent ajustés analytiquement et rendus conformes à une loi de survie indiquée par Makeham. La table AF, publiée en 1895, présente un caractère scientifique qui permet d'admettre son application aux groupes actuels d'assurés (1).

Les compagnies qui exploitent un risque déterminé ne disposent pas toujours d'expériences antérieures pour déterminer les probabilités de ce risque; le cas se présente lorsqu'un risque commence à être exploité. Un exemple actuel réside dans l'assurance nuptialité-natalité. Le fonctionnement de ces entreprises repose sur les statistiques tirées de la population générale. Ces statistiques sont imparfaites parce que le groupe formé par la population géné-

---

1. Nous négligerons les circonstances qui peuvent avoir modifié la vitalité des assurés, telles que les progrès de l'hygiène, de l'habitation, de la médecine.

rale est un groupe ouvert, difficile à observer ; ces statistiques sont d'ailleurs incomplètes. D'autre part, il n'est pas certain que le groupe des individus assurés contre le risque nuptialité-natalité se comportera de la même façon que le groupe formé par la population générale. On ne sait pas si ce risque est vraiment un risque assurable, c'est-à-dire régi uniquement par les lois du hasard, et on peut très bien concevoir que la volonté de l'assuré puisse jouer un certain rôle dans la réalisation du risque. Les expériences des compagnies permettront, plus tard, d'apprécier le risque de nuptialité-natalité au regard de sa garantie par l'assurance. Présentement, la table de nuptialité-natalité dressée par le Ministère du Travail, d'après les renseignements fournis par la population générale, a le caractère d'une table de transition et devra être remplacée, lorsque les compagnies posséderont un nombre suffisant d'observations, par une table basée sur ces observations (1).

Avec l'assurance sur la vie (l'assurance nuptialité-natalité en est un cas particulier), on a dû considérer des groupes d'individus de même âge et la table AF indique, pour chaque âge, la probabilité de décès annuelle. Nous avons vu que ce risque de décès peut être déterminé scientifiquement, au moyen

1. Les tables de nuptialité-natalité sont publiées avec leurs sources, dans le *Recueil de documents relatifs aux assurances sur la vie réunis par le Ministère du Travail*, n° 10. Imprimerie Nationale, 1922.

de la statistique, et que la seule caractéristique considérée est l'âge de chaque assuré. Chaque groupe d'assurés du même âge est considéré comme un groupe homogène. Ainsi, un groupe d'assurés âgés de 30 ans est caractérisé par une probabilité de décès p_{30} ; l'année suivante, les assurés de ce groupe seront âgés de 31 ans, et seront caractérisés par une probabilité de décès p_{31}. Cette probabilité de décès augmente avec l'âge (1), et l'on dira que le risque de décès d'un individu est un risque croissant. Cette remarque est essentielle parce que le contrat d'assurance sur la vie n'est pas souscrit, en général, pour une année, mais pour plusieurs années. Le risque de décès n'étant pas uniforme, au cours du contrat, il peut en dériver des conséquences financières importantes que nous aurons à exposer à propos des réserves mathématiques.

Les autres assurances, par exemple, l'assurance contre l'incendie, sont caractérisées par la constance du risque. On conçoit très bien qu'un immeuble déterminé a autant de chances de brûler au cours d'une année qu'au cours d'une autre année. Mais tous les immeubles ne sont pas exposés au risque d'incendie avec la même intensité. On conçoit facilement qu'un immeuble urbain et un immeuble rural sont exposés différemment au risque d'incendie. On devra procéder à des classifications et chaque classe de risques comprendra les objets de même

---

1. Du moins à partir de l'âge de 25 ans.

nature, exposés avec la même intensité à un même risque. Les classes de risques et l'intensité du risque pour chaque classe seront déterminées d'après les expériences des compagnies. Théoriquement, on devrait exiger que chaque classe de risques ne comprenne que des risques absolument identiques ; cette condition d'homogénéité absolue n'est pas réalisable pratiquement, parce que le dénombrement des classes de risques devrait être poussé trop loin et ne comprendrait pas un nombre suffisant d'expériences pour que le calcul des probabilités puisse s'appliquer. En fait, on considérera un nombre très limité de classes, comprenant des risques très voisins, et l'on déterminera pour chacune de ces classes, la probabilité de sinistre. Les résultats bruts obtenus seront eux-mêmes ajustés, non pas par une méthode scientifique d'ajustement, mais d'après le sens pratique de l'opérateur. Ainsi, pour ces assurances, on n'aboutit pas à un résultat scientifique comme en assurance sur la vie. Cependant, dès que les classes de risques et la probabilité de sinistre sont déterminées, il faut considérer ces éléments comme étant l'expression de la réalité.

Nous remarquons que la probabilité de sinistre relative à un objet déterminé reste invariable dans le temps et le risque est dit : risque constant.

Taux d'intérêt. — La réalisation du risque, c'est-à-dire le sinistre, entraine le paiement de capitaux. Ce paiement s'effectuera dans l'avenir. Il y a lieu d'évaluer ces capitaux à une époque déterminée, en introduisant la notion d'intérêt et de choisir un taux d'intérêt. Le choix du taux d'intérêt a une importance très grande parce que l'exigibilité des capitaux peut être différée pendant de nombreuses années. D'autre part, le taux d'intérêt ne pourra pas être modifié au cours de cette période. On peut avoir une idée de l'influence du taux de l'intérêt en remarquant qu'un capital placé à intérêts composés est doublé en 14 ans au taux de 5 %, en 20 ans au taux de 3,50 % (1).

Le taux d'intérêt n'est susceptible que d'une détermination pratique. On choisira un taux légèrement inférieur au taux que l'entreprise espère réaliser dans ses placements. Cependant, le rendement des placements peut varier suivant les conditions économiques, et en particulier, une baisse de l'intérêt peut avoir des conséquences profondes sur les entreprises dont le fonctionnement exige une capitalisation échelonnée sur une longue période. Les entreprises d'assurances sur la vie et de capitalisation, qui gèrent des capitaux très importants (les réserves mathématiques), pour le compte de leurs assurés, sont particulièrement sujettes à cette menace. Cette

---

1. Le temps nécessaire pour doubler un capital placé à intérêts composés est donné par la formule $\frac{70}{i}$. Ainsi au taux de 5 %, on a : $\frac{70}{5} = 14$ et à 3,50 % on a : $\frac{70}{3,5} = 20$. Cette formule peut s'appliquer pour les taux d'intérêts compris entre 3 % et 8 %.

menace est plus réduite, mais non négligeable, dans les entreprises exploitant des risques constants.

Actuellement, c'est le taux d'intérêt de 4,25 % qui est appliqué généralement par les entreprises pratiquant l'assurance et la capitalisation.

CHAPITRE III

LE CONTRAT D'ASSURANCE, LES RÉSERVES MATHÉMATIQUES ET LES ÉCARTS

Le contrat d'assurance résulte de la considération simultanée de la probabilité de réalisation du risque et du taux d'intérêt. Il est aléatoire relativement à la réalisation du sinistre de même que relativement aux intérêts produits par les primes versées par l'assuré. Cependant la loi des grands nombres permet d'affirmer que les événements surviendront sur l'ensemble des contrats, conformément aux prévisions du calcul des probabilités et l'on admet que le taux moyen réel des placements sera égal au taux d'intérêt choisi.

C'est par la considération de ces deux hypothèses de conformité que la prime d'assurance, relative à un risque bien défini, est déterminée. La détermination de la prime présente surtout un intérêt en assurance sur la vie.

La prime en assurance sur la vie. — La prime du contrat d'assurance sur la vie est déterminée par les techniciens, les actuaires de l'entreprise. Les actuaires ont d'ailleurs des attributions générales, mais qui concernent surtout le fonctionnement technique et financier des entreprises **(1)**. La prime du contrat est déterminée de façon à réaliser l'équivalence théorique de l'espérance mathématique de l'assureur et de l'assuré. Ceci signifie qu'au moment de la souscription du contrat, il y a équivalence, au point de vue des probabilités et des intérêts, entre les engagements de la compagnie et ceux de l'assuré (2). La prime ainsi déterminée est dite *prime pure ;* elle tient compte uniquement de ces deux éléments théoriques : le calcul des probabilités et le taux d'intérêt, et suppose que ces deux éléments se réaliseront exactement en pratique.

Prenons un exemple : l'assurance vie entière. L'assureur s'engage à payer, lors du décès de l'assuré, un capital déterminé. L'assuré s'engage à payer, chaque année, une prime constante, jusqu'au moment de son décès. L'équivalence, dont nous venons de parler, signifie que la valeur actuelle du capital exigible lors du décès est égale à la somme des valeurs actuelles de chaque prime constante exigible jusqu'au décès (3).

1. Les actuaires sont en général recrutés parmi les anciens élèves des grandes écoles. Ils peuvent faire partie de l' « Institut des actuaires français » s'ils satisfont à un examen d'admission très sévère. Cet Institut publie un Bulletin trimestriel.

2. Cette équivalence n'existe réellement que si l'assureur réalise un grand nombre de contrats de même nature, condition essentielle d'application du calcul des probabilités. Cette condition sera, en général, remplie et il existera alors, effectivement, l'équivalence entre l'ensemble des engagements pris par l'assureur et l'ensemble des engagements pris par les assurés.

3. *Ibid.*

L'assureur pourrait se contenter des primes pures à la condition, toutefois, que l'entreprise fonctionne sans aucun frais et qu'aucun écart ne soit constaté dans la mortalité prévue et les intérêts prévus. En pratique, ces conditions ne sont pas remplies et l'assureur devra incorporer à la prime pure des chargements. La prime pure augmentée des chargements est dite *prime brute* ou *commerciale ;* c'est cette prime que l'assuré devra payer effectivement.

Chargements. — En matière d'assurances sur la vie (assurances en cas de décès) le décret du 20 janvier 1906 fixait les chargements minima comme suit :

1° Chargement pour frais de gestion : 3,50 °/₀₀ du capital assuré.

2° Chargement pour frais d'encaissement : 6% de la prime brute :

3° Chargement pour frais d'acquisition : 1 % du capital assuré.

Ces chargements sont appliqués encore actuellement, malgré les modifications considérables que la guerre a apportées dans la situation économique. La classification elle-même de ces chargements n'est pas rationnelle. A notre avis, il faudrait présenter la classification théorique suivante :

1° Chargement de frais, destiné à couvrir les frais d'exploitation. Ce chargement correspondrait à l'ensemble des trois chargements prévus par le décret du 20 janvier 1906.

2° Chargement de sécurité, destiné à couvrir les écarts de mortalité et d'intérêt.

3° Chargement de bénéfices, destiné à rémunérer les capitaux engagés dans l'entreprise.

Le décret du 20 janvier 1906 a considéré que les chargements minima qu'il imposait, contenaient implicitement un chargement de sécurité. Le décret du 22 juin 1906 a, en effet, institué une réserve de garantie qui est considérée comme une réserve de sécurité, à caractère technique, et qui remplace la réserve légale des autres entreprises.

Réserves pour risques en cours. — Considérons un contrat d'assurance contre l'incendie.

Il est, en général, souscrit pour une période de dix années, mais cette durée du contrat est due à une circonstance de fait, qui est le paiement immédiat des commissions d'acquisition correspondant aux dix années. Nous avons vu que le risque d'incendie est un risque constant, ou autrement dit, que le risque d'incendie est le même au cours de la première année, au cours de la deuxième année... ; d'autre part, la prime est la même chaque année. Donc, l'ensemble des primes d'une année est absorbé par l'ensemble des sinistres de cette même année. Cependant, les affaires sont réalisées à des époques quelconques de l'année, et il pourra arriver, qu'au moment de l'inventaire annuel, le risque payé au moyen de la prime ne soit pas encore consommé. Ainsi, par exemple, un assuré paie le 1er septembre une prime d'assurance pour la garantie d'un risque jusqu'au 1ᵉʳ septembre suivant. Au moment de l'inventaire (31 décembre), le risque n'aura été couvert que pendant quatre mois et l'entreprise devra garantir le risque, sans recevoir une nouvelle prime, pendant les huit premiers mois de l'exercice suivant. L'exercice qui a reçu la prime doit donc à l'exercice suivant la fraction de la prime qu'il n'a pas absorbée, soit les 2/3 de cette prime. Le même calcul peut être fait pour chacun des contrats. L'ensemble des fractions de primes non absorbées constitue la *réserve pour risques en cours*, que nous retrouverons dans la deuxième partie de notre travail.

Réserves mathématiques (1). — En matière d'assurance sur la vie, on rencontre aussi quelque chose d'analogue à la fraction non absorbée des primes payées au cours d'un exercice, dont nous venons de parler. Mais il intervient une notion plus complexe.

Dans l'assurance en cas de décès, le risque de décès augmente quand l'assuré vieillit. Si le contrat était conclu pour une année seulement, la prime payée serait absorbée lorsque le contrat s'éteindrait. En pratique, le contrat est conclu pour plusieurs

1. Voir en particulier ; P. Smolensky, *Las Teorias de la reserva matematica en los seguros de vida*, Barcelona, 1925 ; Julliot de la Morandière, *De la réserve mathématique des primes d'assurances*, Thèse Paris, 1909.

années. L'assuré n'est admis dans le groupe que s'il subit un examen médical jugé assez satisfaisant pour qu'il soit considéré comme risque assurable, dans les conditions des expériences qui ont permis la détermination des probabilités de décès. Si le contrat était annuel l'assuré devrait subir chaque année un examen médical, et serait refusé lorsque son état de santé permettrait de conclure à un décès prématuré, c'est-à-dire au moment où l'assurance lui rendrait le plus grand service. En pratique donc, le contrat d'assurance sur la vie est un contrat à long terme. Le type le plus pur de ce contrat est l'assurance vie entière que nous avons déjà définie. Nous répétons cette définition : Un individu d'âge donné ayant été déclaré assurable, d'une part, la compagnie s'engage à payer une somme déterminée au moment de son décès, d'autre part, l'assuré s'engage à payer une prime annuelle constante jusqu'au moment de ce décès ; nous considérons que la prime payée est la prime pure. Nous avons dit, qu'au moment de la souscription du contrat, il y a équivalence entre la valeur actuelle des engagements de l'assureur et la valeur actuelle des engagements de l'assuré. Mais nous avons dit aussi que le risque de décès croît chaque année ; le prix du risque est donc inférieur pour la première année d'assurance au prix du risque pour la deuxième année, etc... Or, l'assuré paie une prime constante. Il faut donc, pour qu'il y ait équivalence, que les primes trop élevées payées dans les premières années, compensent les primes trop faibles qui seront payées dans les dernières années.

En résumé, si l'on considère l'ensemble du contrat, lors de sa souscription, il y a équivalence absolue entre la valeur actuelle des engagements de l'assureur et celle des engagements de l'assuré. Si l'on ne considère qu'une période limitée, par exemple les deux premières années d'assurance, on trouvera que la valeur actuelle des engagements de l'assureur pour ces deux premières années est inférieur à la valeur actuelle des deux primes annuelles que l'assuré s'est engagé à payer. Les sommes perçues par l'assureur, et non consommées par le risque, ne lui sont pas acquises, elles serviront à compenser les primes trop faibles qui seront perçues dans les dernières années, lorsque l'assuré sera très âgé. Ces sommes perçues en plus du risque effectivement couvert doivent être mises en réserves et l'ensemble des trop perçus pour tous les contrats constitue les *réserves mathématiques*. Les réserves mathématiques doivent permettre à l'assureur de faire face à ses engagements en tenant compte des engagements que les assurés ont encore à exécuter. Nous définirons les réserves mathématiques qu'un assureur doit posséder, en disant : Les réserves mathématiques, à un moment donné, sont égales à la différence entre la valeur à ce moment, des engagements de l'assureur et la valeur à ce même moment, des engagements des assurés (1).

1. Il existe d'autres définitions mais équivalentes des réserves mathématiques. Les résultats obtenus sont identiquement les mêmes. Voir la thèse de M. Julliot de la Morandière précitée.

Le calcul des réserves mathématiques est effectué en supposant : 1º que le risque de décès sera conforme à celui indiqué par la table de mortalité, 2º que le taux réalisé dans les placements sera égal au taux adopté pour les évaluations des primes. Nous insistons, tout particulièrement, sur cette supposition de conformité avec les probabilités de décès et avec le taux d'intérêt adopté.

La détermination des réserves mathématiques se fait, chaque année, au moment de la clôture de l'exercice. On évalue à ce moment 1º la valeur des engagements assumés par l'assureur sur l'ensemble des contrats, 2º la valeur des primes que l'assureur doit encore recevoir de tous les assurés. La différence entre les deux résultats obtenus représente les réserves mathématiques.

En pratique, les réserves mathématiques sont calculées au moyen de méthodes de groupements. Les actuaires ont imaginé, en se basant sur certaines propriétés de la loi de mortalité ou sur les possibilités pratiques, des procédés qui permettent de réunir les contrats en vue du calcul des réserves. Ces divers procédés de calculs ne conduisent pas au même résultat, mais en fait, les résultats obtenus diffèrent peu (1). La condition essentielle à obser-

1. Citons parmi ces méthodes de groupements : la méthode des groupements quinquennaux d'âges ; la méthode Lidstone (voir *Bulletin trimestriel de l'Institut des Actuaires français*, 1921, nº 106, p, 57) ; la méthode des nombres auxiliaires (voir *Bulletin trimestriel de l'Institut des Actuaires français*, 1920, nº 102, p. 52). A notre avis, cette dernière méthode est la plus satisfaisante.

ver, à notre avis, est que le choix de la méthode de calcul étant fait, cette méthode soit appliquée aux exercices successifs. Ce qui importe, en effet, c'est l'augmentation des réserves mathématiques au cours d'un exercice. La loi fiscale qualifie cette augmentation : dotation des réserves. Pour que cette dotation soit acceptée, il faut que les réserves mathématiques du début de l'exercice et de la fin de l'exercice soient calculées suivant la même méthode.

En pratique, les réserves mathématiques sont calculées en tenant compte des primes pures augmentées des frais de gestion, c'est-à-dire en tenant compte des primes d'inventaire. On obtient alors des réserves d'inventaire qui ont un caractère technique, comme les réserves pures.

Le calcul des réserves mathématiques peut être vérifié par les commissaires-contrôleurs de la Direction du Contrôle des assurances. Comme, en fait, les compagnies constituent les réserves minima, imposées par la réglementation issue de ce contrôle, les commissaires-contrôleurs vérifient la conformité des réserves constituées par l'entreprise avec les réserves minima, imposées par l'article 3 du décret du 20 janvier 1906.

Nous faisons remarquer que les réserves mathématiques d'une entreprise ne sont pas un emploi de bénéfices, mais un engagement technique calculé mathématiquement. L'expression même de réserves mathématiques a pu créer une confusion avec les réserves libres que des entreprises constituent. Nous ne pensons pas que cette confusion soit encore possible et nous conservons l'expression de « réserves mathématiques » en raison de sa brièveté et de son caractère réglementaire.

En matière de capitalisation, les réserves mathématiques existent aussi. Ces réserves mathématiques se déterminent comme en assurances sur la vie, car la loi qui règle les tirages au sort est analogue à la loi de mortalité.

Nous devons faire remarquer encore que la détermination du compte des réserves mathématiques exige qu'il soit attribué à ce compte des intérêts, calculés au taux adopté dans le calcul des primes. Ces intérêts dits « intérêts mathématiques » ne présentent pas, à notre avis, dans l'ensemble de la comptabilité, l'importance qu'on a voulu leur attribuer. Ils sont d'ailleurs implicitement contenus dans les évaluations des engagements, dans le calcul même des réserves mathématiques. Il est essentiel, cependant, que les réserves mathématiques soient représentées par des valeurs productives d'intérêts, à un taux au moins égal à celui supposé ; ce sont ces intérêts qui entreront comme recettes de l'exploitation industrielle.

Notion d'écarts de mortalité et d'intérêt. — Les intérêts réalisés par l'entreprise dans ses placements peuvent être inférieurs à l'intérêt adopté pour l'évaluation des primes et des réserves mathé-

matiques. Si le fait se produisait, la situation finan‑
cière de l'entreprise pourrait être compromise. La
détermination du taux d'intérêt réalisé pratiquement
et son appréciation est une question de fait qui
n'est pas susceptible d'un calcul précis. Il faut
admettre, cependant, que l'entreprise doit avoir son
attention constamment fixée sur le rendement de
ses placements et qu'elle devrait, dans le cas où
elle constaterait un rendement insuffisant, modifier
ses méthodes de calcul des réserves mathématiques
pour les rendre conformes à la réalité.

Les écarts de mortalité, au contraire, sont sus‑
ceptibles d'une détermination mathématique. Il y a
des écarts favorables et des écarts défavorables à
l'entreprise. Seuls, les écarts défavorables doivent
être retenus, parce qu'ils peuvent compromettre la
stabilité de l'entreprise. De plus, ces écarts doivent
être considérés, parce que le calcul des probabilités
les prévoit. Or, si l'on admet que le calcul des pro‑
babilités s'applique aux assurances, il faut admet‑
tre, en même temps, toutes les conséquences du
calcul des probabilités. Il nous serait très difficile,
et actuellement inutile, d'exposer ici, la théorie des
écarts comme application du calcul des probabilités.
Il nous suffit de signaler que les essais théoriques
sont nombreux. On trouvera des développements
sur ce sujet dans le traité de Broggi cité dans notre
bibliographie (1). La théorie des écarts conduit

1. Un essai pratique a été tenté par M. H. Marais dans le
Bulletin trimestriel de l'Institut des Actuaires français de juin

naturellement, à la nécessité de constituer, à côté de la réserve mathématique, une *réserve de sécurité.* Nous avons déjà dit, que le décret du 22 juin 1906 avait imposé aux entreprises d'assurances sur la vie et de capitalisation une réserve de garantie qui au fond, tient lieu de réserve de sécurité. Cependant, cette réserve nous semble trop faible pour pouvoir remplir vraiment son but.

A notre avis, l'entreprise qui déterminerait, par l'application du calcul des probabilités, une réserve de sécurité, aurait le droit de la considérer comme une réserve technique, au même titre que les réserves mathématiques réglementées par le décret du 20 janvier 1906. Cette réserve de sécurité serait, selon nous, une charge déductible au regard de la loi fiscale.

Définition de la réassurance (2). — Le calcul des probabilités exige, pour son application, la réunion d'un nombre suffisamment grand de risques homogènes. Pour que cette condition d'homogénéité soit remplie, il faudrait que tous les capitaux assurés fussent égaux. En pratique, les capitaux assurés sur chaque tête sont variables. L'entreprise

1926, p. 54 et suiv. D'autre part, notre collègue et ami M. G. Raillard, membre de l'Institut des Actuaires français, a commencé la publication d'une théorie du risque, de la réserve de sécurité et du plein, dans l'*Assureur français*, premier article paru dans le n° 1 de 1927. Nous espérons qu'il terminera son étude par un essai pratique.

2. Voir Villotte, *La réassurance*, Thèse Paris, 1927.

ne conservera donc jamais à sa charge la totalité des capitaux assurés lorsqu'elle considère ces capitaux comme trop élevés. Elle cédera à une autre entreprise la partie des capitaux assurés sur chaque tête qui dépasse son *plein*. Le plein d'une entreprise peut être déterminé mathématiquement mais, en fait, sa détermination est empirique. Un plein déterminé ayant été pratiqué depuis plusieurs années, si les résultats de la mortalité ont été favorables, l'entreprise élèvera son plein. Le plein d'une entreprise peut donc varier, mais cette variation est encore arbitraire.

La partie des capitaux assurés dépassant le plein est cédée en *réassurance*. Cette cession pourra se faire soit à des entreprises pratiquant l'assurance directe, soit à des organismes spécialisés, appelés « entreprises de réassurances ». La société qui cède des réassurances en recevra elle-même des autres sociétés.

Les entreprises pratiquant l'assurance ne vivent donc pas à l'état isolé; elles sont, au contraire, dépendantes les unes des autres. Cette pénétration réciproque des entreprises, due à la réassurance, ne s'est pas limitée au territoire national. La réassurance se pratique aussi entre entreprises de pays différents et l'on a pu très justement affirmer que l'assurance a pris un véritable caractère international.

Nous ne pensons pas devoir nous attarder davantage sur les éléments du fonctionnement technique des entreprises. Nous aurons l'occasion, au cours de notre étude fiscale, de revenir sur ces éléments, quand nous étudierons leurs conséquences fiscales.

DEUXIÈME PARTIE

Imposition des entreprises françaises d'assurances, de capitalisation et d'épargne

---

CHAPITRE PREMIER.

ENTREPRISES ASSUJETTIES. — EXEMPTIONS

L'article 82 de la loi de finances du 13 juillet 1925 qui institue un régime spécial pour les sociétés d'assurances, de capitalisation et d'épargne prévoit qu'un règlement d'administration publique déterminera les conditions d'application de l'impôt. C'est dans ces circonstances que le décret réglementaire du 28 mai 1926 a prescrit les conditions d'assujettissement et d'exemption au nouvel impôt frappant les entreprises d'assurances, de capitalisation et d'épargne. Elles sont déterminées par l'article premier du décret, qui dispose :

Article 1ᵉʳ du décret du 28 mai 1926. — « Sont assujetties à l'impôt sur les bénéfices indus-

« triels et commerciaux dans les conditions prévues
« par l'article 82 de la loi du 13 juillet 1925 les entre-
« prises françaises ou étrangères pratiquant l'assu-
« rance ou la réassurance et les entreprises de capi-
« talisation et d'épargne.

« Ne constituent pas des entreprises, au sens du
« dit article, les sociétés mutuelles d'assurances ou
« de réassurances, de capitalisation ou d'épargne
« qui se gèrent elles-mêmes, sont administrées gra-
« tuitement et dont les excédents de recettes sont
« répartis entre les adhérents, après la liquidation
« de l'exercice ou du groupe d'exercices qui les a
« produits, compte tenu des versements aux réserves
« nécessaires.

« Sont considérées comme administrées gratuite-
« ment les sociétés mutuelles dans lesquelles la
« rémunération du conseil d'administration, de la
« direction et du personnel ne comporte que des
« allocations soit fixes, soit variables, avec la durée
« ou l'importance des services rendus, à l'exclusion
« de toute commission proportionnelle aux cotisa-
« tions réalisées. »

Il faut remarquer : 1º que cet article permet d'assimiler les entreprises étrangères aux entreprises
françaises ; 2º que cet article établit un double crité-
térium : *a*) un critérium *général* d'assujettissement
fondé sur l'objet d'exploitation et *b*) un critérium
spécial d'exemption basé sur une notion particulière
d'entreprise non imposable.

Entreprises françaises et étrangères au point de vue de l'assujettissement et de l'exemption. — Le texte du premier paragraphe de l'article ne présente pas une rédaction uniforme. Sont considérées d'une part, « les entreprises fran- « çaises ou étrangères pratiquant l'assurance ou la « réassurance » et d'autre part, « les entreprises de « capitalisation et d'épargne », sans qu'il soit spécifié s'il s'agit d'entreprises françaises ou étrangères. On pourrait croire que le nouvel impôt ne s'applique pas aux entreprises étrangères de capitalisation et d'épargne ; le législateur n'a certainement pas voulu consacrer cette solution qui serait contraire à l'équité et nous pensons que s'il n'est pas fait allusion aux entreprises étrangères à propros de la capitali- sation et de l'épargne, c'est en raison de cette cir- constance de fait qu'il n'existe, à l'heure actuelle, aucune entreprise étrangère de capitalisation ou d'épargne (1). Il aurait été préférable, cependant, de mentionner les entreprises étrangères de capitali- sation ou d'épargne, en vue d'éviter des difficultés ultérieures en cas d'enregistrement de sociétés étran· gères pratiquant ces opérations, le droit fiscal étant un droit d'interprétation stricte. Il reste cependant, sans aucun doute, que le législateur a entendu frap- per les sociétés françaises et étrangères, tant en assu· rance et en réassurance qu'en capitalisation et en

---

1. Une seule société étrangère de capitalisation a été enregis- trée par application de la loi du 19 décembre 1907, mais elle a liquidé définitivement ses opérations en 1920.

épargne. Si les conditions d'assujettissement s'appliquent tant aux compagnies françaises qu'étrangères, il faut admettre aussi que les conditions d'exemption, qui sont étroitement liées aux conditions d'assujettissement, s'appliquent tant aux sociétés françaises qu'étrangères.

Critérium général d'assujettissement. Objet de l'exploitation. — Sont assujetties : « Les entre-« prises... pratiquant l'assurance ou la réassurance « et les entreprises de capitalisation ou d'épargne. » L'impôt entend donc frapper l'assurance, la réassurance, la capitalisation et l'épargne. La rédaction de l'article n'est pas uniforme, encore ici, mais elle n'entraîne pas, selon nous, de conséquences. Peut-être les rédacteurs de l'article ont-ils trouvé que l'expression « entreprise d'assurances ou de réassurances » avait un sens trop général pouvant atteindre les organismes accessoires à une entreprise quelconque, telles que les caisses de retraites de personnel, annexées à une exploitation industrielle ou commerciale. Au contraire, l'expression : entreprises de capitalisation et d'épargne a un sens bien défini, qui exclut de lui-même d'autres applications de la capitalisation et de l'épargne, telles que les Caisses d'Epargne.

Cette différence de rédaction pourrait peut-être influencer les conditions d'assujettissement si le critérium était recherché dans la *nature technique* de l'objet d'exploitation. Mais, nous ne pensons pas que la considération de la nature technique de l'opération puisse conduire à un résultat satisfaisant. La notion technique d'assurance, en particulier, est essentiellement variable ; elle résulte notamment de l'opinion que l'assureur a du risque assuré ; cette opinion peut varier dans le temps et tel risque, considéré actuellement comme non-assurable, peut devenir assurable si la hardiesse de l'assureur s'y prête ; au contraire, un risque, actuellement considéré comme assurable, pourra être considéré dans l'avenir comme non-assurable (1). De même, la notion de capitalisation et d'épargne, en elle-même, n'a pas de caractère bien défini.

Nous pensons pouvoir trouver le critérium général d'assujettissement dans la réglementation spéciale de l'assurance, de la réassurance, de la capitalisation et de l'épargne, réglementation relative aux conditions de constitution et de fonctionnement des entreprises et au contrôle administratif de ces opérations ; ces notions de réglementation spéciale de constitution et de fonctionnement d'une part, et de contrôle administratif d'autre part, sont d'ailleurs étroitement liées ; en général, ce sont les mêmes lois qui consacrent ces deux notions ; la distinction serait donc sans objet s'il n'existait pas une loi spéciale de contrôle administratif, la loi du 15 février 1917. Selon nous, c'est le domaine d'application de cet ensemble de lois qui doit régler le

---

1. Sur la notion de risque assurable ou non-assurable, voir Hémard *Théorie et pratique des Assurances terrestres*, t. I, n° 43 à 48 et Sumien, *op. cit.*, n° 81 et suiv.

domaine d'application de l'impôt institué par l'article 82 de la loi du 13 juillet 1925.

Critérium d'assujettissement fondé sur la notion de réglementation spéciale. — Les conditions de constitution et de fonctionnement des entreprises d'assurances, de capitalisation et d'épargne ont fait l'objet d'une réglementation très complexe, particulièrement en matière d'assurances. Cette législation comprend les textes suivants :

1° Assurances sur la vie et tontines (loi organique du 17 mars 1905).

2° Assurances nuptialité-natalité (Loi du 26 mai 1921).

3° Entreprises faisant l'acquisition d'immeubles à charge de rentes viagères (loi du 20 février 1922).

4° Assurances autres que sur la vie et autres que les mutuelles agricoles (décret du 8 mars 1922).

5° Assurances contre les accidents du travail (loi du 9 avril 1898).

6° Mutuelles agricoles (loi du 4 juillet 1900).

7° Entreprises de capitalisation (loi du 19 déc. 1907).

8° Entreprises d'épargne (loi du 3 juillet 1913).

9° Il convient d'ajouter les Caisses départementales dont nous aurons à reparler.

Cette énumération s'applique à l'ensemble des exploitations privées qui font appel à la prévoyance et à l'épargne publiques. Ces textes ne s'excluent pas forcément les uns les autres. Ainsi, la loi du

17 mars 1905 s'applique, en fait, à toutes les entreprises qui contractent des engagements dont l'exécution dépend de la durée de la vie humaine ; dès lors, les lois du 26 mai 1921 sur l'assurance nuptialité-natalité, et du 20 février 1922 sur les entreprises faisant l'acquisition d'immeubles à charge de rentes viagères, ne sont que des extensions de la loi du 17 mars 1905 (1). D'autre part, il est certain que le décret du 8 mars 1922 s'applique aux entreprises pratiquant les accidents du travail, en tant que ses dispositions sont conciliables avec la loi du 9 avril 1898, comme aux assurances maritimes, sauf en ce qui concerne les points spécialement réglés par le Code de Commerce.

Les mutuelles agricoles restent en dehors des dispositions fondamentales constituées par la loi du 17 mars 1905 et le décret du 8 mars 1922 ; ce dernier décret ne leur est pas applicable (2) et la loi du 4 juillet 1900 les concerne spécialement.

Les entreprises de capitalisation et d'épargne ont leur domaine délimité par les lois du 19 décembre 1907 et du 3 juillet 1913.

Les Caisses départementales sont des survivances de *bureaux des incendiés*, « ce sont des caisses mu-

---

1. Nous ne pouvons passer sous silence que la loi du 17 mars 1905 a été complétée par un décret du 27 juillet 1922 concernant les mutuelles-vie pour réaliser un régime semblable à celui des mutuelles régies par le décret du 8 mars 1922. La légalité du décret du 27 juillet 1922 a été contestée mais le Conseil d'Etat en a reconnu la légalité par son arrêt du 2 août 1924.

2. V. Sumien, *op. cit.*, n° 302 ; Houpin et Bosvieux, *op. cit.* n° 1375.

« tuelles d'assurances formées dans certains dépar-
« tements et ayant une sorte de caractère officiel,
« en ce sens qu'elles sont créées par arrêté préfec-
« toral, reçoivent des subventions des conseils
« généraux et parfois même de l'Etat et sont admi-
« nistrées par des fonctionnaires, à titre gra-
« tuit » (1). Les Caisses départementales n'offrent
plus guère d'intérêt actuellement, du fait que le
Conseil d'Etat dans deux arrêts du 21 janvier et 23
décembre 1921 (2) a annulé des délibérations de
Conseils généraux créant des caisses départementales. Les anciennes caisses existantes subsistent,
mais la création de nouvelles caisses est arrêtée.
Nous avons tenu à mentionner ces exploitations cependant, parce qu'elles ont été visées lors de l'élaboration de l'impôt que nous traitons (notamment,
Ch. déb. parl. 1925, p. 3127).

Ce critérium, fondé sur une énumération de lois,
à l'avantage d'éliminer de lui-même, en vertu de l'article 1er, § 2 de la loi du 17 mars 1905, les sociétés
de secours mutuels définies par la loi du 1er avril
1898 et les entreprises de prévoyance, publiques ou
privées, régies par des lois spéciales ; ces entreprises particulières ne sont pas en effet assujetties
à l'impôt établi par l'article 82 de la loi du 13 juillet 1925. Par contre, ce critérium présente un grave
défaut relativement aux entreprises de réassurances

---

1. Sumien, *op. cit.*, n° 298 à 302.
2. D. 1922.3.34.

qui ne sont pas spécialement réglementées quant à
leur constitution et leur fontionnement. On pourrait songer, toutefois, à procéder par assimilation et
déclarer que sont assujetties : les entreprises pratiquant la réassurance de risques réglementés par les
lois spéciales énoncées pour l'assurance directe ; en
effet, la réassurance suit nécessairement l'assurance
directe et exige, pour sa formation, l'existence préalable d'une assurance directe. Cette assimilation ne
nous satisfait pas, parce qu'elle repose sur la notion
de risque, et nous préférons compléter notre critérium par la notion de contrôle administratif.

**Critérium fondé sur la notion de contrôle
administratif** (1). — Le contrôle administratif des
entreprises d'assurances, de réassurances, de capitalisation et d'épargne est basé sur deux notions
bien distinctes : une notion de prévention sociale
et une notion de prévention nationale. Ce contrôle
appartient à la Direction du Contrôle des Assurances
privées, rattaché au Ministère du Travail et est exercé
par des Commissions consultatives et des commis-
saires contrôleurs assermentés.

Le contrôle fondé sur la notion de prévention sociale est celui exercé sur les assurances sur la vie et
les tontines, les assurances nuptialité-natalité, les

---

1. Sur la matière du contrôle et de la surveillance administratifs des institutions d'assurances, de réassurances, de capitalisation et d'épargne, voir notamment Sumien, *op. cit.*, n° 642 et suiv.
et Pannier, *De l'autorisation et de la surveillance des sociétés
d'assurances sur la vie*, thèse Paris, 1905.

entreprises acquérant des immeubles à rente viagère (lois du 17 mars 1905, du 26 mai 1921, du 20 février 1922), sur les organismes pratiquant les accidents du travail (loi du 9 avril 1898), sur les entreprises de capitalisation (loi du 19 décembre 1907), et les entreprises d'épargne (loi du 3 juillet 1913). Ce contrôle est très étendu et a pour but de vérifier si ces institutions appliquent réellement les prescriptions des lois organiques qui les régissent et des décrets pris en exécution de ces lois. C'est en même temps qu'un contrôle administratif, un contrôle financier, qui doit prévenir les dangers qu'une gestion trop aventureuse ferait courir aux fonds accumulés par ces entreprises (en matière d'accidents du travail il a pour but d'empêcher des recours trop fréquents au fonds de garantie). Ce contrôle exige des entreprises, des règles de comptabilité bien définies et pour nous conformer à une distinction essentielle contenue à l'article 8 du décret du 28 mai 1926 relatif à l'imposition des entreprises étrangères, nous dirons que les entreprises régies par les dispositions de contrôle précédentes constituent les *entreprises contrôlées*.

Le contrôle fondé sur la notion de prévention nationale résulte de la loi du 15 février 1917 ; c'est un contrôle administratif ; il concerne : « les entreprises « d'assurances de toute nature, françaises ou étran- « gères, les courtiers jurés et tous intermédiaires « quelconques qui souscrivent ou font souscrire, « exécutent ou font exécuter en France et en Algé-

« rie des réassurances ou, d'une manière générale
« et sous quelque forme que ce soit, des cessions ou
« acceptations totales ou partielles de risques déjà
« assurés... » (loi du 15 février 1917, article premier).
L'article 2 de cette loi vise : « Les entreprises ou
« assureurs étrangers pratiquant en France et en
« Algérie les opérations visées à l'article précédent
« ou y faisant de l'assurance directe... » et les sou-
met à l'agrément du Ministre du Travail. Ce contrôle administratif, établi en vue d'éviter que des renseignements intéressant la défense nationale soient
divulgués à l'étranger, a un domaine d'application
très général ; il intéresse particulièrement les entreprises de réassurances et les entreprises étrangères
d'assurances directes, mais en fait, il peut s'appliquer à toutes les entreprises d'assurances directes
qui, pour des raisons techniques, sont toutes susceptibles d'effectuer des réassurances. Il s'agit ici
plutôt d'une surveillance que d'un contrôle ; ces
entreprises ne sont pas tenues à des règles spéciales
de comptabilité, car il ne s'agit pas d'un contrôle
financier ; leur fonctionnement ne repose pas sur
une accumulation de capitaux et présente un danger
réduit pour l'épargne publique. La loi du 15 février
1917 est, d'ailleurs, applicable également aux entreprises contrôlées délimitées précédemment. Nous
disons donc, que : constituent les *entreprises non
contrôlées*, dans le sens indiqué par l'article 8 du
décret du 28 mai 1926, toutes les entreprises qui ne
sont pas assujetties à la comptabilité particulière

prescrite pour les entreprises contrôlées, et se trouvent soumises à la loi du 15 février 1917.

Conclusion sur le critérium d'objet d'exploitation. — On pourrait admettre que le contrôle des entreprises d'assurances, de réassurances, de capitalisation et d'épargne, confié à la Direction du Contrôle des Assurances privées, a un domaine d'application qui correspond au domaine d'assujettissement à l'article 82 de la loi du 13 juillet 1925. Ainsi serait résolu le critérium d'assujettissement, mais, il nous paraît qu'il conviendrait d'ajouter, que dans le cas où il se trouverait en défaut, il pourrait être complété par le critérium que nous avons développé précédemment en nous basant sur une notion de règlementation spéciale

Article XI du décret du 28 mai 1926. — Il faut remarquer que l'article 11 du décret du 28 mai 1926 charge le Ministre des Finances et le Ministre du Travail, chacun en ce qui le concerne, de l'exécution du décret. On pourrait voir, dans cette disposition, une confirmation de notre thèse du critérium d'objet d'exploitation délimité par le domaine d'application du contrôle et de la surveillance des entreprises privées appartenant à la Direction du Contrôle des assurances privées (Direction rattachée au Ministère du Travail). Nous pensons, cependant, que l'article 11 a voulu surtout se référer aux pouvoirs d'ordre financier appartenant à la Direction du Contrôle des assurances.

Nous ne pouvons manquer de commenter, ici, cet article 11 du décret, car il nous paraît placer la Direction du Contrôle des assurances privées dans une situation très délicate. En ce qui concerne les assurances, le Ministre des Finances et le Ministre du Travail ont des préoccupations opposées. Le premier tend à dégager le bénéfice maximum pour l'imposer et à montrer une rigueur particulière, qui se trouve déjà dans la Circulaire n° 1464 de l'Administration des contributions directes. Le second, au contraire, en vertu des lois de contrôle, qui sont des lois de minimum, doit vérifier si ces lois de minimum sont bien observées et si la situation financière des entreprises ne compromet pas les engagements qu'elles ont pris ; il ne peut donc que recommander et approuver les procédés de prudence et de prévision qui tendraient à consolider la situation financière des entreprises. Il est certain que ces préoccupations différentes se heurtent, mais elles ne nous paraissent pas complètement inconciliables ; il existe certainement une notion de situation financière normale d'entreprise que l'Administration des Finances peut respecter et qui n'amoindrit pas la notion de contrôle de l'Etat, s'érigeant en protecteur des patrimoines privés gérés par les entreprises d'assurances, de capitalisation et d'épargne. C'est cette situation financière normale des entreprises que nous nous efforcerons de dégager au cours de notre étude.

Critérium spécial d'entreprise. — Le premier paragraphe de l'article premier du décret dispose : « Sont assujetties à l'impôt… les entreprises… » et le deuxième paragraphe du même article : « Ne « constituent pas des entreprises, au sens dudit arti-« cle, les sociétés mutuelles… qui se gèrent elles-« mêmes, sont administrées gratuitement et dont « les excédents de recettes sont répartis entre les « adhérents… »

De ces textes, on peut tirer :

1° qu'en principe, toutes les entreprises, quelle que soit leur forme, sont assujetties à l'impôt ; en d'autres termes, il n'existe aucune exemption de droit ;

2° que l'exemption d'impôt ne peut s'appliquer, éventuellement, qu'à la forme mutuelle ;

3° que l'exemption d'impôt repose sur des cir-constances de fait, limitativement énumérées, qui, si elles sont remplies, enlèvent à la société mu-tuelle considérée le caractère d'entreprise impo-sable.

Il est indispensable d'indiquer ici, les formes d'ex-ploitation de l'assurance, de la capitalisation et de l'épargne.

Sociétés à primes fixes. Sociétés mutuel-les (1). — L'exploitation de l'assurance, de la capi-talisation et de l'épargne est réalisée sous forme de

---

1. Voir Sumien, *op. cit.*, n° 181 et suiv. Hémard, *op. cit.*, n° 434 et suiv.

société dite *à primes fixes* ou sous la forme de société *mutuelle*. Dans la société à primes fixes, l'assureur s'engage, moyennant le paiement par l'assuré d'une prime déterminée, fixée définitivement dès la conclusion du contrat, à accomplir, à ses risques et périls, les engagements déterminés, prévus par ce contrat. Dans la société mutuelle, en principe, le groupe assureur coïncide avec le groupe assuré, l'ensemble des primes est déterminé sur l'ensemble des sinistres d'après deux règles : ou bien les sinistres seront intégralement payés au moyen d'un rappel de cotisation, ou bien les sinistres seront payés au marc le franc sans rappel de cotisation ; en principe, donc, la variabilité des cotisations ou la variabilité des sinistres sont les fondements mêmes de la société mutuelle. Cependant, la forme mutuelle tend à rejoindre la forme à primes fixes en exigeant, dès la conclusion du contrat, une prime suffisante pour en assurer l'invariabilité tout en réalisant le paiement intégral des sinistres, les excédents étant répartis entre les adhérents. Ces déformations ne font pas perdre à l'entreprise son caractère de société mutuelle (1).

Sociétés à primes fixes. — La prime fixe est pratiquée par des sociétés par actions (anonymes ou commandites par actions). Le décret du 8 mars 1922, article 49, a écarté les autres formes d'exploitation

---

1. V. Sumien, *op. cit.*, n° 183 et suiv. et la jurisprudence indiquée en note.

à primes fixes ; de plus, le paragraphe 2ᵉ de cet article spécifie que les entreprises ne peuvent prendre la forme de sociétés à capital variable ; d'autre part, l'article 2 de la loi du 7 mars 1925 sur les sociétés à responsabilité limitée dispose que les entreprises d'assurances ne peuvent prendre cette forme.

Il n'est pas douteux que l'article 82 de la loi du 13 juillet 1925 a entendu viser surtout les sociétés par actions. D'ailleurs, cet article n'apporte rien de nouveau quant au principe même de l'assujettissement des sociétés par actions pratiquant l'assurance. Les sociétés d'assurances à primes fixes étaient déjà assujetties à la cédule des bénéfices industriels et commerciaux, créée par la loi du 31 juillet 1917, en raison de leur caractère de sociétés commerciales, indiscuté tant en doctrine qu'en jurisprudence (Wahl, n° 74 ; Houpin et Bosvieux, n° 1254 ; civ., 5 février 1894, D. 94.1.134 ; Rennes, 26 juin 1884, S. 86.2.201, note Labbé). Il convient d'ajouter que l'Instruction du 30 mars 1918 mentionnait les assurances dans son article 2.

Sociétés mutuelles : caractère juridique. — La société mutuelle n'est pas une société au sens de l'article 1832, du Code civil. Elle ne se propose pas la réalisation de bénéfices. Elle est une association sans but lucratif (1), qui vise la répartition de préjudices entre ses adhérents. La jurisprudence, cependant, en s'appuyant sur les termes du décret du

---

1. Wahl, *op. cit.*, n° 1054.

22 janvier 1868 (décret abrogé par le décret du 8 mars 1922), reconnaît aux *sociétés mutuelles* le caractère de véritables sociétés, mais *purement civiles* (1). Il faut remarquer, toutefois, que la société mutuelle peut être considérée comme commerciale, si elle se livre à des opérations commerciales (2). Les assurances maritimes doivent être regardées comme commerciales, quelle que soit leur forme (art. 633, C. com. ; Req., 21 juillet 1856, D. 56.1.323). Le décret du 8 mars 1922 autorise l'union de mutuelles en vue de la réassurance et dispose à l'article 41 : « Les unions ont la capacité « civile comme les sociétés d'assurances mutuelles « elles-mêmes et doivent être constituées dans les « mêmes formes que ces dernières ». Il faut donc admettre, nous semble-t-il, l'assimilation des sociétés mutuelles et des unions de mutuelles, tant au point de vue juridique, qu'au point de vue fiscal.

Sociétés mutuelles : imposables en principe. — Avant l'article 82 de la loi du 13 juillet 1925, il pouvait paraître douteux que les sociétés mutuelles, société civiles, sans but lucratif, pûssent être passibles de l'impôt sur les bénéfices industriels et commerciaux, institué par la loi du 31 juillet 1917 (exception faite des sociétés mutuelles d'assurances

---

1. Houpin et Bosvieux, *op. cit,*. n⁰ 1269 et la jurisprudence des notes 2 et 5 et Sumien, *op. cit.*, n° 186 et notes 4 et 5.

2. Notamment Req., 23 oct. 1880, D. 89.1.474 ; Grenoble, 31 mai 1904, D. 1905.2.360 et S. 1906.2.12.

maritimes) (1).Actuellement, le doute n'est plus possible ; l'article 82 de la loi du 13 juillet 1925 assujettit aussi bien les sociétés mutuelles, sociétés civiles, que les sociétés par actions, sociétés commerciales. Les conditions d'exemption ne sont fondées que sur des circonstances de fait, qui ne contredisent nullement cette conclusion essentielle : les sociétés mutuelles, sociétés civiles, sont, en principe, imposables.

Droit civil et Droit fiscal. — Nous ne pouvons éviter de signaler que l'assujettissement de sociétés civiles à la cédule des bénéfices industriels et commerciaux se concilie avec l'évolution qui s'est produite dans l'application de cette cédule. M. Gény, dans un commentaire très étendu qu'il consacre aux arrêts du Conseil d'Etat des 27 juillet 1923, 22 novembre 1923 et 5 novembre 1926 (Sirey, 1927.3.41), écrit : « Une jeune doctrine commence à poindre, « qui revendique l'*autonomie du droit fiscal* ; ce qui « veut dire apparemment que des questions juri- « diques soulevées par l'application des lois d'impôts « et débattues normalement entre les administra- « tions financières et les contribuables, compor- « teraient des principes de solution nettement « spécifiques, et indépendants du droit commun « représenté principalement par le droit civil et com-

---

1. V. Lecerclé, *l'Impôt cédulaire sur les bénéfices industriels et commerciaux*, Thèse, Paris, 1922, p. 42 ; Bocquet, *l'Impôt sur le revenu*, 3ᵉ éd., 1926. p. 215 et réserve, p. 212, note 3.

« mercial. A vrai dire, ces principes de solutions,
« strictement fiscaux, n'ont pas encore été claire-
« ment dégagés par ceux qui en soutiennent l'exis-
« tence. Et, tels qu'ils les présentent, plutôt même
« qu'ils ne les affirment, ils se réduisent parmi des
« considération intéressantes mais de portée res-
« treinte et de conclusion vague, à deux ou trois
« truismes d'une banalité tellement rudimentaire,
« qu'il semble difficile d'y trouver, jusqu'ici du
« moins,les germes d'une théorie solide et féconde ».

M. Ch. Ambroise Colin constatait en effet ce
« divorce du droit fiscal et du droit privé » (1) et
M. Trotabas exprimait la pensée que « le droit fis-
« cal apparaît très nettement comme un droit auto-
« nome, mais exceptionnel » (2) et il montrait comment cette autonomie « explique que le juge fiscal
« puisse établir l'impôt sur une *société de fait* que le
« droit commercial ne reconnaîtrait pas », mais que
(page 32), « il en résulte que, malgré l'autonomie
« du droit fiscal, celui-ci devra tenir compte, dans
« une mesure que la science de l'interprète devra
« justement préciser, de l'esprit, sinon de la lettre
« du droit privé ».

Pour nous, l'impôt qui fait l'objet de cette étude
est seulement, nous l'avons dit, une adaptation de
la cédule des bénéfices industriels et commerciaux. Il
consacre, en droit, l'assujettissement de sociétés
qui, normalement, ne devraient pas être du domaine

1. D. 1926.1.19.
2. *Dalloz hebdomadaire*, 1926, Chronique, p. 31.

de la cédule des bénéfices industriels et commerciaux. Il s'agit bien d'un assujettissement, et non d'une imposition *a priori* effective ; la nuance n'est pas négligeable. Le droit privé intéresse les hommes et les hommes sont ingénieux. La société mutuelle, société civile, théoriquement ne fait pas de bénéfices mais, pratiquement, elle arrive à déformer les principes édictés par le droit civil, sans encourir, en raison de leur généralité, la perte de la jouissance de ces droits civils. Le Ministre des Finances, au Sénat, ne pouvait mieux dire : « Nous savons très « bien quel masque certaines sociétés savent pren· « dre » (1). La législation civile, elle-même, devait réagir. Voilà l'origine des dispositions du décret du 8 mars 1922, abrogeant le décret du 22 janvier 1868 pour les mutuelles en général et du décret du 27 juillet 1922, remaniant le décret du 12 mai 1906 (rendu en exécution de la loi du 17 mars 1905) pour les mutuelles-vie. Parmi les réformes spéciales aux mutuelles, il faut observer (décret du 8 mars 1922) la prohibition de toute gestion forfaitaire, l'interdiction d'allouer à la direction des avantages calculés sur le chiffre d'affaires, de stipuler aucun avantage particulier au profit des fondateurs.

Ces explications montrent combien le fisc pourrait être frustré s'il s'appuyait sur les notions strictes de droit civil et nous verrions volontiers dans l'évolution de la jurisprudence, une application de la

---

1. Déb. parl. Sénat, 2ᵉ Séance du 9 juillet 1925, p. 1439.

théorie initiale de l'Administration qu'il « faut moins
« s'attacher à la nature juridique des actes accom-
« plis qu'à leur analogie avec les opérations que
« comporte l'exercice de professions dont le carac-
« tère industriel et commercial est indiscuté » (1).

L'opinion de M. Gény, à notre avis, s'accorde
avec la jeune doctrine à laquelle il fait allusion
quand il ajoute, se fondant sur le bon sens et la tra-
dition : « La loi fiscale, qui répond à un besoin
« incontestable de la communauté sociale, représen-
« tée par la puissance publique, veut se plaquer sur
« une organisation sociale, économique, politique et
« juridique, qui s'est constituée d'une certaine façon,
« par des raisons d'ordre et d'utilité, que dictait la
« nature des choses. Elle ne doit ni détruire, ni
« entraver, ni modifier cette organisation, qui lui est
« antérieure et supérieure, mais simplement s'y
« adapter » (2), et plus loin : « Ainsi, l'adaptation du
« droit commun aux situations frappées par le fisc
« nous apparaît constamment nécessaire, aussi bien
« pour assurer les besoins financiers de l'Etat que
« pour prémunir les contribuables contre l'arbitraire
« des taxations. Le résultat n'est pas toujours par-
« fait et laisse entrevoir l'opportunité de disposi-
« tions particulières à l'effet de préciser ou de modi-
« fier le droit commun, en vue de mieux concilier
« les deux intérêts mis en présence, et dont l'anta-

1. Instruction du 30 mars 1918, art. 4 ; voir Bocquet, *op. cit.*,
p. 213, 244 ; Allix et Lecerclé, *op. cit.*, t. I, p. 182, 183 et 419.
2. S. 1927.3.41

« gonisme est quelque peu différent de celui que
« tendent à apaiser les règles ordinaires du droit.
« C'est en ce sens qu'on peut parler d'un droit pro-
« prement fiscal, se dressant en face du droit com-
« mun » (1).

L'article 82 de la loi du 13 juillet 1925 est une de
ces dispositions particulières qui précisent ou modi-
fient le droit commun (2) et qui évitent que des
dispositions de droit (société civile) fassent échec à
des circonstances de fait (réalisation de bénéfices
effectifs).

Il nous paraît que dans la question de l'imposition, il conviendrait de distinguer nettement deux
phases : 1° une phase d'assujettissement qui se
résoudrait par la question : telle organisation fait-
elle des bénéfices ou non ? et 2° une phase de distribution : l'organisme ayant fait des bénéfices, qui
doit payer l'impôt? La première phase peut, selon
nous, réaliser de violents contrastes avec le droit
civil, mais la deuxième phase doit respecter, dans
la mesure où elle ne préjudicie pas aux intérêts du
fisc, les notions fondamentales du droit civil. A
titre d'exemple typique, nous indiquons celui de
l'imposition des sociétés de personnes. Il subsiste, il
est vrai, la notion de bénéfice, notion mal définie qui

1. S. 1927.3.46.

2. L'article 39 de la loi du 13 juillet 1925 assujettissant les personnes qui se livrent habituellement à des spéculations sur les
immeubles en est une autre application. Voir aussi Réponse à
la question de M. L. Nicolle, député (*J. O.* du 12 janvier 1927,
Débats Ch., p. 9).

a engendré la fructueuse opposition de la thèse du bilan et de la thèse du compte d'exploitation (1), nous disons opposition fructueuse, car nous croyons que cette opposition a été un élément fondamental d'appréciation dans l'évolution du droit fiscal. Cette évolution a consisté à assimiler d'abord le bénéfice au revenu par rapprochement entre le titre et le texte de la loi du 31 juillet 1917, puis à consacrer la théorie de notre maître, M. le professeur Allix, sur les caractères distinctifs du revenu, se résumant dans les caractères objectifs suivants : *a*) périodicité ; *b*) existence d'une source durable qui lui donne naissance ; *c*) aménagement ou exploitation de cette source (2) et a conduit l'administration des finances à établir sa circulaire du 19 septembre 1925 et enfin à la préciser dans la circulaire n° 1464 à propos des entreprises d'assurances, de capitalisation et d'épargne.

Si l'imposition des entreprises d'assurances, de capitalisation et d'épargne offre en elle-même peu d'intérêt, en raison de son aridité et de sa spécialité, nous espérons qu'elle aura son utilité en éclaircissant le droit fiscal en général sur quelques points, au moins sur ces conditions d'exemptions spéciales que nous avons maintenant à étudier.

Conditions d'exemption.— Nous rappelons que ces conditions d'exemption concernent seulement

1. V. spécialement Allix et Lecerclé, *op. cit.*, t. I, p. 351 et suiv.
2. Allix et Lecerclé, t. I, p. 164 et suiv.

les sociétés mutuelles. Elles sont limitativement énumérées. Le décret du 28 mai 1926, dans son article premier, en a prévu trois que nous allons étudier successivement.

Première condition d'exemption : se gérer elles-mêmes. — Le décret du 28 mai 1926, au deuxième paragraphe de l'article 1er, dispose : « Ne constituent pas des entreprises, au sens dudit « article, les sociétés mutuelles... qui se *gèrent* « *elles-mêmes.* »

On a entendu viser, ici, les sociétés mutuelles dont la gestion est confiée à une entreprise distincte, à une *société de gestion*. L'entreprise de gestion est le plus souvent une société commerciale, mais elle peut être exploitée par un simple particulier. La rémunération de l'entreprise de gestion est réglée, soit sur pièces justificatives, soit à forfait par un prélèvement déterminé sur toutes les cotisations encaissées à l'occasion de chaque contrat souscrit (1).

On conçoit facilement que la superposition à la société mutuelle (en principe désintéressée) d'une véritable entreprise commerciale (toujours intéressée) déforme la conception de l'assurance mutuelle et fasse perdre à la société mutuelle, gérée en dehors d'elle-même, le bénéfice de l'exemption. L'entreprise de gestion est la source d'abus pécu-

---

1. Sur les entreprises de gestion dans les mutuelles, voir : Sumien, *op. cit.*, n° 285 et suiv., n° 660.

niaires et « il s'est trouvé que, par le détour même
« de l'entreprise de gestion, la forme mutuelle n'a
« plus été qu'une façade derrière laquelle s'abritent
« des appétits financiers non moins exigeants que
« ceux des actionnaires d'une société anonyme » (1).
Ce refus, pour ainsi dire automatique, de l'exemption
paraît donc tout naturel.

Cette première condition n'offre pas de difficultés ; nous remarquons cependant que, seule, la
société mutuelle gérée est passible de l'impôt que
nous étudions, tandis que l'entreprise gérante
(entreprise commerciale qui n'a pas le caractère
d'entreprise d'assurances) est soumise au régime
de droit commun (2).

Nous remarquons encore que l'entreprise de gestion, en matière d'assurances, a fait l'objet de dispositions restrictives énoncées dans les décrets des
8 mars 1922 et 27 juillet 1922.

**Deuxième condition d'exemption : adminis-
trées gratuitement**. — Cette condition d'exemption est prévue à l'article premier du décret du
28 mai 1926 qui dispose au paragraphe 2 : « Ne
« constituent pas des entreprises, au sens dudit arti-
« cle, les sociétés mutuelles... qui... sont *adminis-
« trées gratuitement* », le paragraphe 3 précise la
notion d'administration gratuite dans les termes

1. *Revue politique et parlementaire*, 1925, t. 122, p. 82 et
suiv. art. XXX. Le régime des sociétés mutuelles d'assurances
sur la vie et des sociétés de prévoyance.

2. Circulaire n° 1464, p. 8 (Nous nous référerons toujours à
l'édition officielle).

suivants : « Sont considérées comme administrées
« gratuitement les sociétés mutuelles dans lesquelles
« la rémunération du conseil d'administration, de
« la direction et du personnel ne comporte que des
« allocations soit fixes, soit variables avec la durée
« ou l'importance des services rendus, à l'exclusion
« de toute commission proportionnelle aux cotisa-
« tions réalisées. »

Cette condition d'exemption est, selon nous, le
point faible de toute la construction fiscale que nous
étudions. La question à résoudre est double : où se
termine l'administration gratuite ? d'une part, où
commence l'administration onéreuse ? d'autre part.
La réponse à chacune de ces questions devrait, théoriquement, coïncider dans une limite commune,
pour ainsi dire, mathématique. Mais, pratiquement,
cette limite commune est une chimère ; la conception théorique de l'administration gratuite ne peut
être qu'approximative, la conception pratique est
une question de fait et d'expertise. Ici, l'arbitraire
fiscal ne peut être écarté.

La difficulté est si évidente que le décret a voulu
préciser cette notion d'administration gratuite, mais
il l'a fait d'une façon insuffisante. Le décret distingue les bénéficiaires d'allocations : conseil d'administration, direction, personnel. Le conseil d'administration et la direction ont un sens bien défini
que nous ne discutons pas, mais par contre, le mot
personnel ne correspond à aucune définition précise. Nous devons résoudre la question suivante :

quelles sont les personnes qui constituent le personnel d'une entreprise ? Nous comprenons sans difficultés dans le personnel, les employés du siège de
l'entreprise, liés à elle par un contrat de travail ;
ce sont des salariés. Mais l'entreprise ne fonctionne
pas uniquement avec ses employés du siège ; elle
possède, parsemés sur tout son domaine d'exploitation des inspecteurs, des agents, des courtiers,
dont le but est la recherche des affaires. Ces diverses
personnes sont liées juridiquement à l'entreprise
d'une façon très variable. En considérant spécialement les agents, on constate que leurs attributions
sont mal définies, leurs pouvoirs sont plus ou moins
étendus suivant la branche d'assurances qu'ils
exploitent, ils pourront parfois engager la Compagnie par leurs actes. La jurisprudence n'est pas
uniforme, et avec justes raisons, sur la nature du
contrat qui les lie à l'entreprise ; l'agent sera considéré quelquefois comme un mandataire, d'autres
fois comme un véritable préposé (1). Nous ne pensons pas, relativement au contenu du mot personnel, qu'il soit indispensable de considérer ces distinctions subtiles et nous adopterions plus volontiers la définition suivante : toutes les personnes qui, de loin ou de près, contribuent au fonction-

1. Voir Sumien, *op. cit.*, n° 617 et suiv. Perreau, *Manuel juridique et pratique des agents d'assurances*, p. 72, 97, 109, 251 ;
Ancey, *Théorie et pratique des opérations d'assurances*, p. 66
et suiv. Voir aussi : Réponse à une question de M. de Ludre,
député (*J. O.* du 9 mars 1921, Débats Ch. p. 1161) de M. V.
Boret, député (Débats Ch. 1925, p. 150), arrêt Conseil d'Etat du
20 février 1925 et Séguin, *Le courtier d'assurances terrestres*.
Thèse Paris, 1926.

nement de l'entreprise. Cette définition est rigoureuse par les conséquences qu'elle entraîne, mais sa compréhension nous paraît satisfaisante, surtout lorsqu'on considère le caractère d'ensemble des conditions d'exemption.

La question n'est pas encore résolue, elle n'est que localisée ; nous atteignons même la véritable difficulté, la détermination du critérium de l'administration gratuite. Le décret du 28 mai 1926 n'apporte pas ici des expressions nouvelles.

La loi du 4 juillet 1900 (D. 1900.4.82) disposait : « Les sociétés ou caisses d'assurances mutuelles « agricoles qui sont gérées et administrées gratuite- « ment... » ; ces expressions se retrouvaient dans la loi du 3 juillet 1913 sur les sociétés d'épargne à propos de l'assujettissement au contrôle de l'Etat (D. 1914.4.5). Quel était donc le sens attribué à ces termes par ces deux lois ? M. Chevallier, député, dans son rapport supplémentaire à la Chambre (annexe n° 1522. D. P. Ch. 1900, p. 688) précisait ; « Votre commission... n'entend viser que les petites « sociétés d'assurances mutuelles agricoles, qui ne « réalisent aucun bénéfice et n'assurent à leurs « administrateurs et à leurs directeurs ni traitements, « ni allocations diverses, sauf cependant les très « minimes frais de bureaux qui peuvent être accor- « dés à leurs secrétaires. Elle exclut formellement « les grandes mutuelles, faisant un gros chiffre « d'affaires et allouant des jetons de présence à leurs « administrateurs et un traitement à leur directeur. »

M. Lourties, dans son rapport au Sénat (Sénat, D. P. 1913, p. 985), écrivait à propos des sociétés mutuelles d'épargne : « Le sens des mots administrées gratui-
« tement ne prête à aucune équivoque. Ce serait
« l'appliquer à faux que de le restreindre aux socié-
« tés qui feraient de la gratuité la règle de tout leur
« personnel. Les emplois de directeur, de trésorier
« et à plus forte raison d'agent de bureau peuvent
« être rémunérés, sans que la société tombe dans
« la catégorie exceptée et ait besoin de se faire enre-
« gistrer. L'essentiel est que le conseil d'administra-
« tion ne touche pas d'émoluments... »

Ces textes, pris à la lettre, sont extrêmement rigoureux et l'on admet qu'ils peuvent subir quelques adoucissements qui ne déforment pas l'esprit de ces lois. Ainsi une question de M. Durand-Béchet, député, expose à propos d'une mutuelle agricole :
« qu'il arrive parfois qu'un membre du conseil d'ad-
« ministration, dans des cas d'urgence et faute d'ex-
« pert disponible, est désigné pour remplir cette
« fonction d'expert, et demande si le fait de rem-
« bourser ses frais à ce dernier autorise l'enregistre-
« ment à soumettre d'office la mutuelle à toutes les
« charges qui frappent d'ordinaire une société d'as-
« surances » ; l'Administration a répondu, après avoir rappelé le rapport Chevallier précité, notamment : « Pour être à même d'apprécier si le cas
« soumis par l'honorable député répond, ou non, au
« vœu de la loi, l'administration aurait besoin de
« précisions sur le mode de fonctionnement de la

« caisse mutuelle envisagée, ainsi que sur la nature
« des frais remboursés aux membres du conseil
« d'administration (1). » L'administration ne répond
pas explicitement, faute de précisions, mais on peut
admettre que les frais entraînés par l'expertise d'un
membre du conseil d'administration puissent être
acceptés s'ils correspondent à un service effectif,
nécessités par le fonctionnement normal de la
mutuelle.

Lors de la discussion de notre impôt à la Chambre,
M. Ernest Lafont, a parlé des expressions « gérées
et administrées gratuitement » en des termes peu
généreux. Nous voulons, disait-il « non seulement
« que les administrateurs travaillent gratuitement,
« mais que la gérance même, c'est-à-dire la direction
« de la société, soit assumée gratuitement. » (2)

Le décret du 28 mai 1926 n'a certainement pas consacré cette solution rigoureuse ; mais il faut observer essentiellement qu'il n'a jamais été fait allusion à la rétribution des agents réalisateurs des
affaires qui. en matières d'assurances, jouent un
rôle considérable. Cette observation nous amène à
distinguer dans le personnel des entreprises : 1º le
conseil d'administration, la direction et les employés
de bureau, chargés de l'administration générale, de
l'établissement des contrats, de l'encaissement
des cotisations, du paiement des sinistres, de la

1. Question de **M**. Durand-Béchet du 28 mars 1923. Débats.
Ch. 1923, p. 1759.
2. Débats, ch. 1925, p. 3127.

tenue des livres, en un mot, les personnes chargées
du fonctionnement administratif et financier de l'entreprise ou les organes d'administration et de gestion, indispensables au fonctionnement de toute
société ; ces organes rendent à la société des services effectifs qui sont nécessaires à son fonctionnement régulier. On conçoit donc que ces personnes
doivent recevoir des allocations, soit fixes, soit
variables avec le temps ou les services rendus ;
l'absence de ces allocations empêcherait l'entreprise
de fonctionner en raison de l'impossibilité pratique
de trouver des personnes susceptibles d'accomplir
gratuitement de véritables fonctions spéciales. Le
décret du 28 mai 1926 a très justement admis que
des allocations pouvaient être payées mais malheureusement, la valeur de ces allocations reste arbitraire, car un service rendu n'est guère susceptible
d'être tarifé. Il existe bien, il est vrai, un maximum
légal de ces allocations réglé par la contribution
annuelle qui peut être exigée de chaque sociétaire
pour frais de gestion de la société, par application
de l'article 23 du décret du 8 mars 1922 et de l'article 24 du décret du 12 mai 1906 (1) : la répartition
de cette contribution annuelle de gestion est fixée
à l'article 5 du décret du 8 mars 1922 et à l'article 12
du décret du 12 mai 1906 (1). Cependant, il ne nous
paraît pas possible de fixer la limite de l'exonéra-

---

1. Nous nous référons aux recueils de documents sur les assurances, publiés par le ministre du Travail, Imprimerie Nationale.

tion fiscale d'après le maximum constitué par l'absorption intégrale des contributions pour frais de
gestion. Ce serait permettre la possibilité d'emplois
très lucratifs.

Le critérium d'exemption, fondé sur la notion
d'administration gratuite, nous paraît aboutir à la
résolution d'une question de fait ; l'arbitraire fiscal
subsistera immanquablement, et seule, l'expertise
pourra juger si les sommes attribuées correspondent
à des services effectifs et si leur importance est normale.

Deux points sont cependant certains : *a*) non seulement la direction et les employés, mais aussi le
conseil d'administration, peuvent recevoir des allocations ; *b*) pour que l'exemption puisse être envisagée, il est indispensable que les allocations ne
soient pas calculées proportionnellement aux cotisations réalisées, comme aussi proportionnellement
aux capitaux réalisés, par rapprochement avec les
décrets des 8 mars 1922 et 12 mai 1906 précités.

Nous avons maintenant à considérer, parmi le
personnel de l'entreprise : 2º toutes les personnes
chargées de l'acquisition des affaires et dont le type
le plus répandu est l'agent d'assurances. Nous pensons qu'il faut considérer comme certain que, si la
mutuelle rétribue d'une façon quelconque l'acquisition des affaires, la faculté d'exemption d'impôt
s'éteint *ipso facto*.

Pratiquement, le cas de l'agent producteur ne
présentera pas de difficultés car sa rémunération est

normalement proportionnelle aux cotisations ou aux capitaux réalisés. Mais la loi pourrait être tournée par l'attribution à l'agent d'une allocation variable correspondant aux services rendus, qui en fait, serait équivalente à l'allocation proportionnelle aux affaires réalisées. Nous concluons au refus catégorique de l'exemption dans le cas où la réalisation des affaires est rémunérée d'une façon quelconque en nous fondant sur le vœu de la loi, qui est de favoriser les petites mutuelles, celles qui réunissent, en vue de couvrir un risque déterminé, les habitants prévoyants d'un hameau, d'un village, d'une petite région. La loi a entendu viser les petites sociétés mutuelles qui ne sont que des groupements de caractère familial, celles où l'entrée de nouveaux adhérents résulte de relations de bon voisinage, où l'assuré mutualiste se confond avec l'assureur mutualiste. Ce sont ces mutuelles-là, qui constituent la véritable mutualité et auxquelles il conviendrait de réserver la qualification de sociétés mutuelles. Elles n'ont pas l'ambition de réaliser un gros chiffre d'affaires (1), la présence d'agents producteurs rétribués n'est donc pas indispensable à leur développement et même doit être écartée. On objectera que ces petites mutuelles, considérées isolément, ne présentent aucune garantie en raison de leur exiguïté ; l'observation serait exacte si la loi n'avait pas prévu la réassurance entre mutuelles par la

---

1. Comp. Rapport de M. Lourties, déjà cité.

création d'unions de mutuelles jouissant des mêmes privilèges que les mutuelles fondamentales. On a observé ainsi, en matière d'assurances agricoles spécialement, une concentration verticale en vertu de laquelle aux petites mutuelles locales, les Mélinettes, se superposent des mutuelles régionales ou départementales, puis des mutuelles centrales. Il est cependant certain que le principe de la mutualité pure, réalisé à la base, s'effrite à mesure que l'on s'élève et il est possible que les petites mutuelles exemptées de notre impôt donnent naissance, par la réunion de leurs réassurances, à des unions de mutuelles, plus ou moins élevées dans la hiérarchie, imposables effectivement parce que leur gestion devient onéreuse en raison de leur complexité. Comme le dit fort bien M. Quesnot : « L'art « de gérer les entreprises modernes, en raison de leur « complexité croissante, exige de plus en plus de « méthode et fait chaque jour un appel plus impor- « tant à des considérations théoriques et s'inspirant « de généralisations plus étendues (1) », et nous ajouterons que la concentration des petites entreprises pourra exiger l'appel à des compétences, souvent plus apparentes que réelles, qui exigent des allocations non compatibles avec la notion de gestion et d'administration gratuite. Ces développements montrent combien la deuxième condition d'exemption peut devenir délicate.

1. Quesnot, *Administration financière*, 3ᵉ éd., 1927, p. 400.

Nous nous devons de signaler que les mutuelles, spécialement les mutuelles agricoles, ont donné lieu à de nombreux écrits qui pourront utilement éclairer l'étude de leur fonctionnement (1).

Troisième condition d'exemption. Répartition intégrale des excédents aux adhérents. — Cette condition d'exemption est prévue à l'article 1ᵉʳ du décret du 28 mai 1926 qui dispose au deuxième paragraphe : « Ne constituent pas des en- « treprises, au sens dudit article, les sociétés mu- « tuelles... dont les excédents de recettes sont répar- « tis entre les adhérents, après la liquidation de « l'exercice ou du groupe d'exercices qui les a pro- « duits, compte tenu des versements aux réserves « nécessaires. »

Cette condition d'exemption particulière ne présente, en elle-même, aucune difficulté spéciale lorsque préalablement le problème des versements aux réserves nécessaires a été résolu. Or cette question de l'attribution à effectuer aux réserves néces-

---

1. Voir Sumien, *op. cit.*, n° 302 et suiv. et les études spéciales suivantes : *Revue politique et parlementaire*, 1925, t. 124, p. 268 et suiv., article de M. Garcin : les noces d'argent de la mutualité agricole ; *Journal des Economistes*, 6ᵉ série, t. 82, 1925, p. 498 et suiv., article de M. G. de Nouvion. A propos des mutuelles agricoles ; et parmi les thèses : de Swarte, *De la mutualité en Assurance-vie en France*. Thèse Caen, 1912 ; Perrot, *L'Assurance mutuelle agricole contre l'incendie*. Thèse Paris, 1921 ; Chevallier, *De l'assurance mutuelle et de ses principales applications*. Thèse Paris, 1904 ; en outre les journaux d'assurances de ces dernières années, spécialement l'*Argus* et la *Semaine* et civ. 24 mai 1913 (D. 1914.1.17, note Lacour).

saires appartient à la détermination du bénéfice imposable et cette détermination doit être identique pour toutes les entreprises. Nous la résoudrons dans notre deuxième chapitre. Supposons donc ce problème résolu ; nous avons un solde bénéficiaire qui, normalement, dans une société anonyme serait le bénéfice imposable. Notre condition d'exemption exige alors, que ce solde bénéficiaire soit réparti intégralement entre les adhérents à la fin de chaque exercice ou de groupes d'exercices (syndicats de garantie). Peu importe, nous semble-t-il, que la répartition de cet excédent soit faite au prorata des cotisations comme le prescrit l'article 28 du décret du 8 mars 1922 ou suivant les dispositions particulières des statuts, l'essentiel est que la répartition soit faite aux adhérents et à eux seuls.

Cette conception s'accorde très bien avec celle de la mutualité pure que nous avons exposée ; la somme qui doit être répartie entre les adhérents n'a même pas le caractère d'un bénéfice, elle constitue un excédent sur les sinistres survenus et les frais nécessités par le fonctionnement de la mutuelle ; on considère cette somme répartie entre les adhérents, comme une ristourne pour trop-perçu, dérivant d'une régularisation des comptes. D'ailleurs, le décret du 28 mai 1926 a adopté à ce point de vue une règle très judicieuse en considérant, d'une façon très générale, la participation dans les bénéfices attribuée aux assurés comme un élément à distraire du bénéfice imposable (art. 3, dernier alinéa du décret du 28 mai 1926). Nous étudierons cette question dans le chapitre suivant.

Considérations générales sur les conditions d'exemption. — La première condition d'exemption que nous avons étudiée présente un caractère exceptionnel ; elle définit plutôt une condition d'assujettissement à l'impôt car elle se résume comme suit : toute société mutuelle, placée sous la tutelle d'une entreprise gérante, est assujettie *ipso facto*.

Les deux autres conditions ne nous paraissent pas non plus être de véritables conditions d'exemption ; si nous avons adopté ces termes, c'était surtout pour nous conformer à la qualification de la Circulaire n° 1464 qui dans ses pages 7 à 11 (Ed. off.) a étudié ces cas particuliers.

En établissant la première condition, le décret essaie de montrer jusqu'à quel point les sommes versées pour le fonctionnement de la société ont le véritable caractère de frais nécessaires et non le caractère de véritables bénéfices attribués aux personnes chargées de la gestion.

La deuxième condition n'apporte rien de particulier puisque les excédents de recettes répartis aux adhérents sont considérés, de toute façon, au titre de ristourne ou de bénéfices attribués aux assurés, comme un élément déductible du bénéfice imposable (art. 3 du décret), mais, par là, le décret a voulu préciser que la société ne peut faire des affectations à des réserves qui ne sont pas nécessaires.

Selon nous, toutes les entreprises d'assurances, de réassurances, de capitalisation et d'épargne restent assujetties à l'impôt mais, pratiquement, elles paieront ou ne paieront pas d'impôt. Cette conclusion est indispensable car il suffirait à une société exemptée en 1927 en raison de circonstances de fait et déclarée non assujettie à l'impôt, d'attribuer en 1928 à son personnel ou d'affecter à des réserves des sommes qui seraient susceptibles de la rendre imposable. Il nous paraît évident que l'article 1er du décret du 28 mai 1926 dans ses deux derniers alinéas n'a voulu qu'indiquer certaines notions, mais n'a pas entendu formuler des exemptions de droit. L'application des prescriptions générales du décret aurait conduit au même résultat, mais nous voyons surtout dans les précisions de l'article 1er de ce décret, une satisfaction apparente qui serait donnée à la véritable mutualité, à la mutualité pure. Pour donner cette satisfaction apparente, on a introduit un mot de sens très vague, le mot : entreprise (1) et l'on a voulu lui donner encore un sens particulier, le sens dudit article.

Comme nous l'avons déjà dit, le vœu du législateur a été de soustraire à l'imposition établie par l'article 82 de la loi du 13 juillet 1925, les petites

1. Sur le sens économique de l'entreprise voir Germain-Martin, cours de doctorat 1924-1925. Ansiaux, *Traité d'Economie politique*, t. I. Le sens du mot entreprise en économie politique est beaucoup trop restrictif pour pouvoir s'appliquer au point de vue fiscal.

sociétés mutuelles qui constituent de purs organes de répartition des sinistres et qui fonctionnent avec une administration désintéressée, garantie seulement du remboursement de ses frais nécessaires et de la récompense légitime de son travail effectif.

Le caractère purement mutualiste des petites sociétés mutuelles (mutuelles agricoles, mutuelles d'épargne non enregistrées, caisses départementales) a pu être diversement apprécié. L'énumération de ces sociétés comme entreprises exonérées qui figurait dans le début de la discussion parlementaire a été supprimée. Malgré l'affirmation formelle du Ministre des finances qu'elles ne peuvent pas être assujetties (1) nous pensons que cette affirmation a pu reposer seulement sur la circonstance que ces sociétés ne font pas de bénéfices. Dès lors, les prescriptions de l'article premier du décret du 28 mai 1926 nous paraissent confirmer l'exemption de fait fondée sur l'opinion du ministre, mais aucune exemption de droit ne saurait, à notre avis, découler, soit des dispositions de l'article 82 de la loi du 13 juillet 1925, soit de celles du décret du 28 mai 1926.

1. Débats Ch., 1925, p. 3.392.

CHAPITRE II

ÉLÉMENTS DU REVENU IMPOSABLE

En limitant pour le moment notre étude à l'hypothèse d'une société française exploitant des risques en France seulement, quels sont les éléments du revenu imposable ?

Dispositions légales. — Le deuxième alinéa de l'article 82 de la loi du 13 juillet 1925 dispose : « Pour les entreprises françaises, le revenu net global est constitué par la somme du bénéfice net « industriel et des revenus nets mobiliers et immo- « biliers de toute nature. Les pertes, s'il y en a, « viennent en atténuation du revenu net global de « l'exercice et, en cas d'insuffisance, en atténuation « du revenu net global des exercices postérieurs, « jusqu'au cinquième inclusivement ».

Cette disposition est reproduite au premier alinéa de l'article 2 du décret du 28 mai 1926 avec quelques précisions concernant les revenus réalisés à l'étranger. Mais les dispositions essentielles sur la détermination du bénéfice imposable sont données à l'article 3 du décret ainsi conçu : « Le revenu net « global des entreprises françaises est déterminé

« chaque année d'après les résultats de l'exercice
« précédent, en apportant, le cas échéant, au solde
« du compte de profits et pertes dressé suivant les
« règles propres à chaque catégorie d'entreprises,
« les corrections nécessaires pour dégager le revenu
« passible de l'impôt ».

« Le solde du compte de profits et pertes est, sui-
« vant la nature des entreprises, augmenté, le cas
« échéant, notamment :

« Des sommes affectées, en sus de la dotation
« nécessaire, aux réserves mathématiques et de
« garantie, et, en sus de la dotation normale, aux
« réserves pour risques en cours et pour sinistres ou
« échéances à régler ;

« Des sommes affectées à la constitution de ré-
« serves facultatives ;

« Des bénéfices versés à la réserve légale ou au
« fonds de réserve prévu à l'article 27 du décret du
« 8 mars 1922 ;

« Des sommes affectées à des amortissements qui
« ne correspondraient pas à une dépréciation effec-
« tive des éléments amortis ou qui ne seraient pas
« aménagés suivant les prescriptions réglementaires;

« Des sommes affectées à des provisions qui n'au-
« raient pas pour objet déterminé de couvrir des
« pertes que des événements en cours rendent pro-
« bables ;

« Des reports déficitaires effectués au titre d'un
« exercice antérieur de plus de six ans à l'exercice
« considéré ;

« . . . .

« Inversement, le solde du compte de profits et
« pertes est diminué, le cas échéant, notamment :

« . . . .

« Des participations attribuées au personnel de
« l'entreprise, ainsi que des versements faits à des
« institutions de prévoyance créées en faveur dudit
« personnel ;

« Des bénéfices répartis aux assurés ou adhérents
« en vertu des dispositions contractuelles ou statu-
« taires, y compris, lorsque la répartition ne se fait
« que par périodes de plusieurs années, les réserves
« constituées chaque année en vue d'assurer cette
« répartition » (art. 3 du décret du 28 mai 1926).

Ces textes permettent d'énoncer les deux observations suivantes :

1° Le bénéfice imposable est un revenu net global
constitué par la totalisation du bénéfice net industriel et des revenus nets mobiliers et immobiliers de
toute nature ;

2° La détermination du bénéfice imposable, égal
au revenu net global, se fait en partant du solde du
compte de profits et pertes, ce solde devant subir
les corrections nécessaires pour le transformer en
bénéfice imposable.

Il convient d'examiner, à un point de vue général,
ces deux observations avant d'étudier les éléments
caractéristiques du compte de profits et pertes.

1º REVENU NET GLOBAL

Le revenu net global imposable est constitué,
édicte l'article 82 de la loi du 13 juillet 1925, par la
somme du bénéfice net industriel et des revenus nets
mobiliers et immobiliers de toute nature. Or, si nous
rappelons que cet article n'a pas créé un impôt nouveau, mais n'a entendu réaliser qu'une adaptation
de la cédule des bénéfices industriels et commerciaux aux entreprises d'assurances, de réassurances,
de capitalisation et d'épargne, la logique exigeait
que seul le bénéfice industriel, résultat de l'exploitation industrielle, dégagé rationnellement, servît
seul de base à l'imposition comme pour toute entreprise industrielle ou commerciale. Au contraire,
l'adaptation n'a pas été recherchée dans un aménagement rationnel du bénéfice industriel. Le même
article entend frapper un revenu total, sans distinction entre ses éléments constitutifs, sans égard à la
nature ou à l'origine de ces éléments constitutifs.

Puisque la loi qualifie d'industrielle l'exploitation
de l'assurance, nous adoptons ce terme avec cette
conséquence particulière que toute exploitation
industrielle obéit à des règles techniques. Ces règles
diffèrent suivant qu'il s'agit d'entreprises industrielles ordinaires ou d'entreprises d'assurances.
Nous devons, pour éclairer cette question, procéder
à une comparaison de leur fonctionnement.

Comparaison de fonctionnement entre entreprise d'assurances et entreprise industrielle ordinaire. — Nous envisageons une entreprise industrielle ayant pour objet l'achat de matières premières, la transformation de ces matières premières en objets fabriqués et la vente de ces objets fabriqués. Normalement, tous les fonds originaires de l'entreprise auront été absorbés par les installations et la mise en marche de l'industrie ; tous ces fonds auront été incorporés dans l'industrie proprement dite. Puis, les fonds obtenus par les premières ventes serviront eux-mêmes à l'achat de nouveaux matériaux et contribueront au fonctionnement ou à l'extension de l'entreprise. Les bénéfices dégagés en fin d'exercice pourront être intégralement distribués aux actionnaires, mais comme la sagesse exige parfois des sacrifices, une partie de ces bénéfices pourra être employée à la constitution de réserves libres (1). Ces réserves libres, éventuellement, seront représentées par un portefeuille mobilier productif de revenus ; ces revenus, au fur et à mesure de leur perception, tomberont dans les caisses de l entreprise et constitueront en fin d'exercice un complément du bénéfice industriel. Mais la constitution de ce portefeuille mobilier n'a rien d'obligatoire et les revenus que l'entreprise en tire ne contribuent pas à la formation du bénéfice pro-

1. Nous négligeons la réserve légale qui a un caractère particulier sans influence sur notre démonstration.

prement dit. Ce portefeuille mobilier a une existence propre, à côté de l'entreprise industrielle et les revenus qu'il produit constituent une ressource accessoire de l'entreprise. En somme, normalement, dans toute entreprise industrielle ordinaire, les fonds disponibles sont affectés à l'objet d'exploitation ; la constitution d'un portefeuille mobilier a un caractère facultatif et exceptionnel. L'importance de ce portefeuille sera en général minime et il ne pourra prendre une extension que si, par suite de circonstances économiques, les fonds disponibles ne peuvent être affectés à l'entreprise elle-même. Le portefeuille mobilier représentera alors un capital en attente d'affectation industrielle. La cédule des bénéfices industriels et commerciaux ne visant, dans notre cas particulier, que les bénéfices industriels, le législateur a consacré la non-imposition à cette cédule des revenus du portefeuille mobilier. On s'est appuyé pour justifier ce procédé sur le fait que les revenus mobiliers sont déjà imposés à une autre cédule ou légalement exonérés d'impôts et que deux impôts cédulaires ne peuvent se superposer sur un même revenu en vertu du principe de l'autonomie des cédules. Nous reconnaissons que cet argument est déterminant et très général, mais dans le cas où le portefeuille mobilier a été constitué au moyen de bénéfices acquis et non distribués (1), il aurait suffi,

---

1. Remarquons que malgré leur non distribution, ces bénéfices sont frappés par l'impôt sur les bénéfices industriels et commerciaux lors de leur formation.

selon nous, pour justifier la distraction des revenus de ce portefeuille, de dire qu'ils ne contribuent pas à la formation du bénéfice net industriel.

Dans une entreprise d'assurances, au contraire, le portefeuille mobilier peut devenir considérable et sa constitution n'est nullement arbitraire. Nous avons vu, en effet, que la prime d'assurance, recette industrielle essentielle, a un caractère complexe et qu'elle peut se décomposer en deux fractions. La première est immédiatement absorbée par une dépense industrielle : les sinistres ; la deuxième doit permettre la constitution de la réserve mathématique. Mais la réserve mathématique ne peut être représentée par des signes monétaires improductifs. La réserve mathématique exige, pour sa formation, en plus de l'apport initial d'une fraction de la prime, des intérêts qui viennent s'incorporer à la fraction de prime. Cette formation particulière exige donc que les réserves mathématiques soient représentées par des valeurs productives d'intérêts. Les placements obligatoires qui résultent de ce fonctionnement spécial seront faits, suivant les prescriptions des lois de contrôle, en valeurs mobilières ou immobilières. Nous voyons clairement, maintenant, qu'en matières d'assurances, le portefeuille mobilier et immobilier n'a pas une existence indépendante de l'exploitation industrielle proprement dite ; ce portefeuille représente en capital un élément industriel : les réserves mathématiques (1) et en revenus

1. Il convient d'ajouter aux réserves mathématiques, la réserve

un autre élément industriel : les intérêts mathématiques.

Ainsi, les entreprises d'assurances étaient légalement tenues de constituer un portefeuille mobilier et immobilier au moins égal en capital à l'ensemble de leurs engagements obligatoires et étaient tenues de servir à l'exploitation industrielle un revenu minimum, les intérêts mathématiques. Ces lois de correspondance, en pratique, sont déformées. Nous pensons que les intérêts mathématiques qui représentent un minimum technique ne suffiraient plus à assurer le fonctionnement industriel. La guerre a profondément touché les assurances, a modifié l'importance relative des divers éléments industriels de telle façon, qu'à l'époque actuelle, il nous paraît indispensable que l'exploitation industrielle reçoive effectivement, en revenus, des sommes supérieures aux intérêts mathématiques ; nous disons, par exemple, que cette exploitation doit recevoir les revenus réels des capitaux correspondants aux engagements techniques.

Mais nous arrivons au point délicat, en considérant les revenus des capitaux correspondants aux réserves libres, aux revenus des réserves appelées communément *réserves de prévoyance*. A notre avis, les réserves de prévoyance, qui, elles, sont aussi représentées dans le portefeuille mobilier et immo-

---

de garantie des entreprises contrôlées et même la réserve légale des entreprises non contrôlées, de même que les engagements sociaux.

bilier, sont indépendantes du fonctionnement indus triel de l'entreprise. Elles constituent un capital de sécurité et ont été constituées principalement avant la guerre par des bénéfices acquis mais non distribués. Ces réserves libres des entreprises d'assurances correspondent aux réserves libres, purement facultatives, des entreprises industrielles ordinaires. Il était logique, dès lors, que les revenus de ces réserves libres des entreprises d'assurances ne fussent pas imposés à la cédule des bénéfices industriels et commerciaux pour une raison d'analogie, la distraction de ces revenus dans l'application de la cédule de droit commun et pour une raison de fait, ces revenus ne contribuent pas à la formation du bénéfice industriel.

L'article 82 de la loi du 13 juillet 1925 n'a pas distingué le revenu des réserves libres et incorpore, au contraire, l'ensemble de tous les revenus nets mobiliers et immobiliers, quelle que soit leur source, dans le bénéfice imposable à la cédule des bénéfices industriels et commerciaux.

L'exemption de fait des entreprises d'assurances, sous le régime cédulaire de droit commun, était due à la déduction totale de tous les revenus nets mobiliers et immobiliers du revenu global ; ces entreprises n'envisageaient pas l'aménagement rationnel de leur exploitation industrielle; on ne peut leur reprocher ce procédé parce qu'il était conforme aux textes.

L'article 82 de la loi du 13 juillet 1925 a réalisé

une réaction inverse, totale, sans prendre en considération le fonctionnement rationnel de l'exploitation industrielle. Il faut regretter ce remède radical, car il peut avoir pour conséquence, l'impossibilité pratique de constitution de nouvelles réserves libres. Or si l'on songe aux difficultés considérables qui menacent les entreprises d'assurances, on conçoit que les réserves libres représentaient une garantie très appréciable ; nous estimons que le législateur aurait dû favoriser leur formation et leur développement.

2° LE COMPTE DE PROFITS ET PERTES, ÉLÉMENT FONDAMENTAL DE L'IMPOSITION.

En vertu de l'article 3 du décret du 28 mai 1926, le revenu net global est déterminé en partant du solde du compte de profits et pertes dressé suivant les règles propres à chaque catégorie d'entreprises. On pourrait croire que cette disposition allait faire revivre la fameuse opposition de la *thèse du compte d'exploitation* et de la *thèse du bilan* (1). Il n'en est rien, selon nous. En faisant cette affirmation, nous ne voulons pas nier à chacune de ces thèses un intérêt intrinsèque. Au contraire, nous reconnaissons que l'opposition de ces deux thèses a large-

---

1. V. Allix et Lecerclé, *op. cit.*, t. I, p. 351 et suiv. Bocquet, *op. cit.*, p. 263 et suiv. Imbrecq, *Traité de l'impôt sur les bénéfices industriels et commerciaux*, n° 380 et suiv. Bayart, *Les effets de l'inflation sur le bilan au point de vue fiscal*, p. 44 et suiv.

ment contribué à l'évolution de la cédule des bénéfices industriels et commerciaux. Mais, nous voulons dire qu'en ce qui concerne l'application de cette cédule, l'opposition de ces deux thèses n'a plus qu'un intérêt historique. Nous croyons, qu'actuellement, le triomphe de la thèse du compte d'exploitation ne peut être dénié, mais nous ne voudrions pas affirmer qu'elle n'a pas subi une influence partielle de la thèse du bilan. En principe, la thèse du compte d'exploitation a triomphé parce que, à la suite de l'arrêté du Conseil de Préfecture de la Seine du 24 mars 1924, l'Administration a renoncé à la prise en considération des gains et des pertes en capital ; la décision ministérielle du 15 septembre 1925 est venue reconnaître la légitimité de la thèse du compte d'exploitation et la circulaire n° 1464, spéciale aux entreprises d'assurances, de réassurances, de capitalisation et d'épargne, a précisé, à un point de vue très général, les hésitations que la décision du 15 septembre 1925 laissait subsister.

On objectera que l'Administration tient compte d'éléments en capital lorsqu'elle admet l'amortissement industriel des locaux industriels ou du matériel, qui constituent des capitaux. Nous pensons que cette objection peut être facilement écartée par la remarque que l'anéantissement progressif des locaux industriels et l'usure du matériel sont dus au fait du fonctionnement industriel et représentent des dépenses industrielles proprement dites. Les amortissements industriels sont déductibles, selon nous, non au titre d'amortissements de capitaux mais au titre de dépenses industrielles qui doivent rentrer normalement dans le compte d'exploitation.

On objectera aussi que l'administration tient compte du stock de marchandises évalué à l'inventaire, stock qui est représenté par un élément du bilan. Nous remarquerons que les marchandises ne constituent pas, au regard de l'exploitation, un capital, mais l'objet même de l'exploitation. De plus, si l'on ne tenait pas compte du stock de marchandises il faudrait, pour des raisons d'homogénéité, distraire des dépenses d'exploitation, le prix de revient de ces marchandises (1). Il est plus simple, dès lors, de prendre en considération l'intégralité du prix de revient des marchandises et de reporter à nouveau le stock des marchandises invendues en fin d'exercice. Il ne s'agit plus ici, de taxation de bénéfices en espérance, car ces marchandises peuvent être évaluées au prix de revient, ou à un cour inférieur, s'il apparaît que leur réalisation ne se fera qu'à un cours inférieur. L'Administration a reconnu la légitimité de ce procédé dans une réponse à une question écrite de M. Laboulbène, Sénateur (*J. O.* du 16 février 1927, Débats, Sénat p. 100). D'autre part, le Conseil d'Etat dans un arrêt du 23 février 1927, rendu en matière de béné-

---

1. L'observation faite par M. Bonnin dans *Le Bénéfice net des entreprises industrielles et commerciales*, p. 38 en note, nous paraît très juste.

fices de guerre, a admis la possibilité d'une réserve pour fluctuation des cours des marchandises, eu égard aux conditions économiques générales (1) ; cet arrêt nous paraît tout à fait applicable en matière d'impôt cédulaire, avec cette remarque que la réserve pour fluctuation des cours peut être incluse dans l'appréciation du stock de marchandises, eu égard aux circonstances économiques générales.

Dès lors, on ne saurait voir dans l'admission par le décret du 28 mai 1926 d'amortissements qui sont aménagés suivant les prescriptions réglementaires, amortissements applicables à la moins value des valeurs mobilières, donc amortissement en capital, un recul de la thése du compte d'exploitation. En effet, l'article 82 de la loi du 13 juillet 1925 frappant tous les revenus mobiliers, considérant donc ces revenus comme partie intégrante du bénéfice industriel, il est naturel que l'exploitation industrielle elle-même supporte aussi les amoindrissements en capital qui proviennent de son fonctionnement propre. L'exploitation industrielle exigeant que ses engagements soient représentés à chaque instant par des capitaux mobiliers équivalents doit supporter la charge résultant de l'amoindrissement de ces capitaux. En d'autres termes, en matière d'assurances, l'amortissement de la moins-value des valeurs mobilières doit être considéré comme une dépense industrielle.

1. D. 1927.3.16.

A notre avis, la thèse du compte d'exploitation ne doit pas se réduire aux recettes et aux dépenses d'exploitation purement apparentes, mais doit aussi prendre en considération des dépenses d'ordre susceptibles de doter l'exploitation industrielle d'une productivité économique constante.

Le fait que le décret du 28 mai 1926 appuie le bénéfice imposable sur le compte de profits et pertes ne réalise pas la négation de la théorie du compte d'exploitation, comme il ne consacre pas la théorie du bilan. L'Administration a besoin pour déterminer le bénéfice imposable d'un document ; elle a choisi le compte de profits et pertes parce que ce compte est publié et a un caractère officiel, mais ce choix ne prouve pas que le compte de profits et pertes conduise effectivement au bénéfice imposable car il est susceptible de modifications telles qu'il peut perdre une partie de ses caractères. Il ne serait donc pas très surprenant que les éléments du compte de profits et pertes qui subsisteront ne soient justement les éléments du compte d'exploitation proprement dit.

Comptabilité des assurances (1). — Les entreprises d'assurances, de réassurances, de capitalisation et d'épargne présentent cette particularité que leur comptabilité, dans chaque catégorie tout au moins, est presque uniforme. Il n'en est pas de même dans les entreprises industrielles et commer-

1. Deschamps, *Comptabilité des assurances.*

ciales ordinaires, où, en matière de comptabilité, la diversité règne. Il n'est même pas souhaitable de réaliser une comptabilité uniforme car chaque entreprise a ses caractères propres et ses procédés particuliers ; cependant, il n'est pas douteux, en nous plaçant au point de vue fiscal, que la diversité de ces comptabilités a rendu très laborieuse l'application de la cédule des bénéfices industriels et commerciaux.

En matière d'assurances, de réassurances, de capitalisation et d'épargne, chaque groupe a adopté ou s'est vu imposé une exploitation presque uniforme ; cependant, les procédés comptables diffèrent essentiellement suivant qu'il s'agit d'entreprises contrôlées ou non contrôlées !

. Pour les entreprises contrôlées, la forme de la comptabilité est réglementée. La comptabilité a été réglementée en vertu de l'article 11 de la loi du 17 mars 1905, par un arrêté du 29 juillet 1907 modifié par les arrêtés des 24 novembre 1909 et 20 décembre 1912 (1) en matière d'assurances sur la vie, en vertu de l'article 11 de la loi du 19 décembre 1907 par un arrêté du 25 juillet 1910 modifié par arrêté du 20 décembre 1912 en matière de capitalisation et d'épargne, en vertu de la loi du 9 avril 1898 par l'arrêté du 13 décembre 1912 en matière d'accidents du travail. En principe, la comptabilité des

---

1. *Recueil de documents relatifs aux assurances sur la vie, op. cit.*, p. 59.

entreprises contrôlées est basée sur les créances acquises et les dépenses comptabilisées.

Au contraire, les entreprises non contrôlées ont adopté, en général, la méthode de comptabilité basée sur les recettes et les dépenses effectuées.

Le compte de profits et pertes résulte de chacun de ces systèmes de comptabilité. En général, il n'en découlera pas de conséquences fondamentales mais, cependant, l'admission de provisions éventuelles devra s'inspirer de la méthode comptable adoptée, afin de respecter une des règles fondamentales de la cédule des bénéfices industriels et commerciaux, à savoir la règle que chaque exercice doit effectivement bénéficier des recettes qui lui appartiennent et supporter effectivement les dépenses qui le concernent.

Cette remarque étant faite, nous passons à l'étude des éléments les plus caractéristiques du compte de profits et pertes ; cette étude sera rapide parce que les principes en sont déjà dégagés. Nous ferons cependant une dernière observation. Nous examinerons les charges déductibles de façon à respecter ce principe essentiel que le fait de l'imposition ne saurait entraver le fonctionnement de l'entreprise, que les charges déductibles doivent être admises dans la limite qui correspond à la conservation d'une force de productivité constante de l'entreprise.

Nous avons à envisager successivement les recettes et les dépenses particulières de l'exploitation industrielle proprement dite (paragraphe A) et les recettes et les dépenses de la gestion patrimoniale (para-

R. Droz   7

graphe B). Toutefois les frais généraux entreront pour leur intégralité dans le paragraphe A bien qu'une partie de ces frais généraux soient relatifs à la gestion patrimoniale. Cette confusion de frais généraux n'a pas actuellement une importance particulière puisque, en vertu de l'imposition intégrale des revenus patrimoniaux à la cédule des bénéfices industriels et commerciaux, les frais généraux, quels qu'ils soient, sont déductibles.

A. — Exploitation industrielle

Les recettes industrielles, en matière d'assurance, de réassurance, de capitalisation et d'épargne résident presque exclusivement dans les primes (ou cotisations). Certaines sociétés reçoivent en outre des subventions des pouvoirs publics. Les dépenses industrielles, au contraire, sont très variées.

Recettes de primes (1). — La prime est due à l'entreprise, en vertu du contrat, à des échéances déterminées. Elle peut comprendre, outre la prime du tarif ordinaire, une surprime due à une majoration de risque (surprime de voyage, de sexe, de séjour, professionnelle...) ; il faut entendre par prime l'ensemble des prestations auxquelles l'assuré

---

1. Nous employons le mot prime aussi bien en matière d'assurance qu'en matière de capitalisation ou d'épargne ; nous notons, toutefois, que dans ces deux derniers domaines, comme aussi en matière d'assurance mutuelle, la prime est désignée sous le nom de cotisation.

s'est engagé. L'ensemble de toutes les primes est porté au crédit du compte de profits et pertes, mais suivant des méthodes diverses.

Premier Cas. — Dans les entreprises contrôlées, en général, on porte au crédit du compte de profits et pertes les primes échues pendant l'exercice et au débit la portion de ces primes échues revenant aux réassureurs.

Deuxième Cas. — Dans les entreprises non contrôlées, en général, ce sont les primes effectivement reçues pendant l'exercice, réassurances comprises qui sont portées au crédit du compte de profits et pertes et au débit de ce compte seront mentionnées les primes effectivement payées aux réassureurs.

Il faut noter cependant, que dans le premier cas, les recettes de primes ne figurent pas d'une façon apparente au compte de profits et pertes. Elles sont comprises dans des comptes préliminaires, dits comptes de catégories, dont l'utilité est fort contestable actuellement. Ces comptes sont purement fantaisistes quant à certains de leurs éléments et pourraient dans la plupart des cas être supprimés sans inconvénients ; ils ont la prétention de faire connaître les résultats de l'exploitation industrielle de chaque catégorie d'affaires. Cette prétention est exagérée, car l'assureur est libre de faire supporter à chaque catégorie d'affaires, des charges purement théoriques et arbitraires. Ce sont les soldes de ces comptes de catégories qui apparaissent au compte de profits et pertes, et par suite les recettes de primes, qui sont des éléments constitutifs de ces soldes particuliers.

Il ne faudrait pas croire, toutefois, que la comptabilité des assurances soit arbitraire du fait que les comptes de catégories le sont partiellement. En effet, le compte de profits et pertes, compte réel, corrige les éléments arbitraires portés aux comptes de catégories ; c'est ainsi que le compte de profits et pertes annule, d'une part à son crédit les portions de frais généraux et d'acquisition portés au débit des comptes de catégories, et d'autre part à son débit les intérêts mathématiques portés au crédit de ces comptes. Cette neutralisation étant faite, on trouvera alors, dans le compte de profits et pertes, au débit les frais généraux et d'acquisition réels, au crédit les intérêts ou revenus réels des fonds placés.

Cette différence entre les méthodes de comptabilité n'entraîne pas de conséquences fiscales puisque l'article 3 du décret du 28 mai 1926, comme aussi le droit commun fiscal, respecte les règles propres à chaque catégorie d'entreprises. Nous pensons néanmoins qu'il faudra prendre en considération chacune de ces méthodes lorsqu'il s'agira d'évaluer certains éléments, tels que les provisions pour annulation de primes échues et non récouvrées.

En définitive, ce sont donc les primes nettes de réassurances, soit échues pendant l'exercice, soit effectivement reçues pendant l'exercice, qui interviennent.

Subventions. — Certaines entreprises peuvent recevoir des subventions des pouvoirs publics en vue de favoriser leur essor et leur développement. Ces subventions sont accordées, en général, à des entreprises qui, en fait, seront exonérées de l'impôt pour une des raisons que nous avons énumérées. Cependant, si une société subventionnée devenait imposable, il nous paraît que les subventions dont elle bénéficie, devraient être comprises dans les recettes imposables.

Recettes diverses. — Ce compte devra également être incorporé dans les recettes imposables. Il comprend notamment des accessoires des primes comme par exemple les frais d'émission des contrats, les frais de répertoires que l'assureur se fait rembourser par l'assuré (1).

Dépenses en général. — Nous avons indiqué que les dépenses industrielles sont très diverses. Nous étudierons successivement : les affectations nécessitées, d'une part, par la constitution des réserves mathématiques et de la réserve de garantie (entreprises contrôlées), d'autre part par la constitution de la réserve pour risques en cours et de la réserve

1. Les impôts sur les primes ou les contrats à la charge des assurés n'interviennent pas dans l'évaluation du bénéfice imposable de l'entreprise ; ces impôts, dès leur perception, sont versés au Trésor. Ils ne figurent pas, en général, dans la comptabilité des entreprises sauf, dans certains cas, leur présence apparaît pour des sommes identiques au débit et au crédit du compte de profits et pertes.

légale (entreprises non contrôlées) ; les dépenses relatives à la constitution des réserves pour sinistres à régler ; les commissions d'acquisition et leur amortissement ; les frais généraux et les éléments particuliers qu'ils peuvent comprendre ; les diverses provisions qui peuvent être nécessitées par le fonctionnement de l'entreprise ; les bénéfices attribués aux assurés ou adhérents (1).

Affectations aux réserves mathématiques et de garantie. — L'article 3 du décret du 28 mai 1926 a prévu que « le solde du compte de profits et « pertes est,... augmenté, le cas échéant,... : des « sommes affectées, en sus de la dotation nécessaire « aux réserves mathématiques et de garantie, »

Cette disposition a entendu viser les entreprises qui sont tenues, en vertu de la réglementation du contrôle de l'Etat, de constituer des réserves mathématiques et une réserve de garantie. Elle concerne donc les entreprises contrôlées.

Réserves mathématiques (2). — La réglementation issue du contrôle de l'Etat sur les entreprises d'assurances sur la vie, contre les accidents du travail et les entreprises de capitalisation impose la

---

1. Pour des raisons de simplification, nous aurons en vue surtout lorsqu'il s'agira d'entreprises contrôlées, les assurances sur la vie et lorsqu'il s'agira d'entreprises non contrôlées, les assurances incendie et accident de droit commun.

2. Voir notre première partie, rubrique : réserves mathématiques.

constitution de réserves mathématiques minima. Cette réglementation est la suivante :

1° En matière d'assurance sur la vie, l'article 3 du décret du 20 janvier 1906 rendu en application de l'article 6 de la loi du 17 mars 1905 ;

2° En matière d'accidents du travail, les articles 7 et 20 du décret du 28 février 1899 ;

3° En matière de capitalisation, l'article premier du décret du 1er avril 1908 rendu en application de l'article 6 de la loi du 19 décembre 1907.

Cette réglementation a le caractère d'un minimum et les réserves ainsi déterminées, sont exactement celles qui correspondent à la différence, au moment de l'inventaire, entre la valeur des engagements de l'assureur et de l'assuré, ces engagements étant évalués au moyen de la table de mortalité considérée comme certaine et du taux d'intérêt considéré comme réalisé en pratique.

En fait, les entreprises calculent leurs réserves mathématiques suivant la règle du minimum imposée par la réglementation du contrôle des assurances. De plus, la constitution effective de ces réserves minima peut être vérifiée par les commissaires-contrôleurs.

On pourrait donc croire que la disposition précitée de l'article 3 du décret du 28 mai 1926 n'autorise que la dotation nécessaire à la constitution de ces réserves minima. La circulaire n° 1.464 du 29 juin 1926 (éd. off., p. 17) paraît admettre cette interprétation. Tel serait aussi notre avis s'il était possible d'affirmer que la mortalité réelle sera conforme à la mortalité prévue et que le taux d'intérêt choisi se maintiendra dans l'avenir. Or, nous savons, qu'en ce qui concerne la mortalité, des écarts sont prévisibles et on pourra constater, à certaines époques, un taux d'intérêt effectif différent du taux d'intérêt théorique. Un changement de méthode pour le calcul des réserves mathématiques pourrait donc être justifié. Si ces justifications étaient apportées, nous pensons qu'il faudrait admettre que les réserves mathématiques constituées sur ces éléments réels devraient être acceptées par le fisc. Les dotations nécessaires à la constitution de ces réserves mathématiques réelles devraient, selon nous, être admises en déduction. Ces réserves mathématiques réelles permettraient, en effet, à l'entreprise de conserver sa stabilité vis-à-vis des engagements qu'elle a assumés (1).

Nous avons indiqué que les entreprises calculent leurs réserves mathématiques par des méthodes de groupements. Le résultat obtenu par ces méthodes peut différer légèrement des réserves minima prévues aux décrets réglementant les réserves. Nous ne pensons pas que cette légère différence puisse entraîner des conséquences fiscales et nous admettons que les dotations permettant de constituer les réserves mathématiques calculées par groupements con-

1. V. S. Dumas dans *Bulletin de l'Association des Actuaires Suisses*, n° 14, 1919.

servent le caractère de dotation nécessaire, donc déductibles.

L'article 4 du décret du 20 janvier 1906 prévoit que les réserves mathématiques des assurances avec participation aux bénéfices dans lesquelles le résultat de la participation est déterminée d'avance, doivent être majorées en conséquence. Cette disposition vise les contrats émis avec participation aux bénéfices moyennant une majoration de la prime. La réserve mathématique devra être majorée dans la même proportion. Les dotations nécessaires à la constitution de ces réserves majorées sont encore déductibles.

Réserves de garantie. — Les entreprises d'assurances sur la vie sont tenues de constituer une réserve de garantie en vertu du 3ᵉ alinéa de l'article 5 de la loi du 17 mars 1905 qui tient lieu de la réserve légale pévue par l'article 36 de la loi du 24 juillet 1867. La constitution de cette réserve de garantie a été réglementée par le décret du 22 juin 1906. Elle est alimentée par un prélèvement de 3 % du montant des primes encaissées et cesse d'être obligatoire lorsqu'elle atteint un chiffre égal à 10 % des réserves mathématiques. Le prélèvement est réduit de moitié lorsque la réserve de garantie atteint un chiffre égal à 5 % des réserves mathématiques pour les sociétés françaises anonymes ou en commandite par actions et 6 % des réserves mathématiques pour les sociétés mutuelles et étrangères.

Les dotations nécessaires à la constitution de la réserve de garantie sont déductibles. L'admission de cette déduction ne nous paraît pas due au caractère obligatoire de cette réserve. Nous verrons, en effet, que la réserve légale des autres entreprises, bien qu'obligatoire, est imposable. L'alimentation de la réserve de garantie est déductible parce que cette réserve a le caractère d'une véritable réserve technique destinée à parer aux écarts de mortalité (1). Elle serait considérée comme une réserve de sécurité. Mais, est-elle suffisante ? Nous ne le pensons pas et les chefs d'entreprises qui ont constitué des « réserves de prévoyance » partagent certainement notre opinion. Actuellement, il n'est pas douteux que, seules, les dotations à la réserve de garantie sont déductibles, car l'article 3 du décret du 28 mai 1926 indique que les « sommes affectées à la constitution de réserves facultatives » doivent être réintégrées dans les bénéfices imposables. Or la réserve de prévoyance est considérée comme une réserve facultative et les affectations qui lui sont faites sont donc imposables. Nous pensons, cependant, que si l'entreprise justifiait mathématiquement la nécessité d'une réserve de sécurité supérieure à la réserve de garantie, les affectations à cette réserve de sécurité devraient être considérées comme déductibles.

En matière de capitalisation, le décret du 1er avril 1908 rendu en application de l'article 5 de la loi du

---

1. Sumien, *op. cit.*, n° 601.

19 décembre 1907 prévoit la constitution d'une réserve de garantie identique à celle des entreprises
sur la vie. Les dotations nécessaires à la constitution de cette réserve de garantie sont aussi déductibles.

Réserves pour risque en cours.— L'article 3
du décret du 28 mai 1926 prévoit que les « sommes
« affectées..., en sus de la dotation normale, aux
« réserves pour risque en cours » doivent être réintégrées dans le solde du compte de profits et pertes.

Cette disposition concerne les entreprises qui
pratiquent les assurances à risques constants, c'est-
à-dire les entreprises non contrôlées. Nous avons
indiqué (1) que la réserve pour risques en cours
représente, au moment de la clôture de l'exercice,
l'ensemble des fractions de primes non absorbées
au cours de cet exercice. En pratique, cette réserve
n'est pas déterminée exactement mais d'une façon
approchée, et il est même recommandable d'évaluer
cette réserve par excès plutôt que par défaut.

Le décret du 8 mars 1922 (art. 26) a assujetti la
réserve pour risques en cours à un minimum égal à
33 % du montant des cotisations, réassurances dé-
duites. D'autre part, on admet généralement qu'une
réserve pour risques en cours égale à 50 % des cotisations reste légitime car elle résulte de l'hypothèse
courante de la souscription de tous les contrats

---

1. Première partie, Chapitre III et Julliot de la Morandière.
Thèse précitée.

au milieu de l'exercice ; les contrats étant habituellement souscrits à primes annuelles, la moitié seulement de ces primes est absorbée au moment de l'inventaire.

La réserve pour risques en cours peut donc, normalement, être constituée pour une somme comprise entre les 33% et les 50% des cotisations nettes de réassurances. La réserve pour risques en cours comprise entre ces limites est une réserve normale et les dotations qui lui sont faites sont des dotations normales, donc déductibles. La circulaire n° 1464 (éd. off. p. 19) admet cette interprétation (1).

Réserve légale. — L'article 3 du décret du 28 mai 1926 dispose que le solde du compte de profits et pertes doit être augmenté, le cas échéant, « des bénéfices versés à la réserve légale ou au fonds « de réserve prévu à l'article 27 du décret du 8 mars « 1922 ».

Cette disposition concerne les entreprises non contrôlées. Ces entreprises sont tenues de constituer une réserve légale par un prélèvement d'au moins 20 % sur les bénéfices nets pour les sociétés anonymes ou en commandite par actions ; ce prélèvement devient facultatif lorsque le fonds de réserve est égal au cinquième du capital (art. 51 du décret du 8 mars 1922). Le même décret dans son article 27 prévoit que les entreprises mutuelles peuvent for-

1. Comp. Décision de la Commission sup. des bénéfices de guerre du 6 mars 1926 (*Rec. off.* n° 461).

mer un fonds de réserve complémentaire destiné à suppléer à l'insuffisance des cotisations pour le payement des sinistres.

Le décret du 28 mai 1926 dispose expressément que les affectations à la réserve légale et au fonds de réserve complémentaire sont imposables. Cette disposition est conforme à la jurisprudence de la cédule de droit commun relativement à la réserve légale que les sociétés anonymes doivent constituer en vertu de l'article 36 de la loi du 24 juillet 1867 (1).

Il nous semble que l'imposition des affectations à la réserve légale est due au fait que ces affectations sont prélevées sur les bénéfices. Il est regrettable, cependant, que les entreprises non contrôlées n'aient pas la faculté de constituer une réserve en vue de garantir les écarts qui peuvent se produire dans l'exploitation du risque. A notre avis, cette question devrait être reprise et il faudrait envisager pour les entreprises non contrôlées, une réserve de garantie analogue à celle des entreprises contrôlées et déclarée non imposable.

Réserves pour sinistres à régler. — La constitution d'une réserve pour sinistres à régler est imposée aux entreprises d'assurances par l'article 26

1. Arrêts du Conseil d'Etat des 10 mars 1923 et 27 juillet 1923 (*Rec. des questions fiscales*, 1923, p. 186) ; Bocquet, *op. cit.*, p.292 note I ; Lecerclé, Thèse citée n° 225 ; *Revue Politique et Parlementaire*, 1924 t. 119, article de M.Palmade, p. 83 ; Tacquet, *La réserve légale dans les sociétés anonymes*. Thèse Paris, 1925, n° 48.

du décret du 8 mars 1922. Nous avons vu, en effet, que le groupe des entreprises non contrôlées pratiquait la comptabilité sur recettes et dépenses effectivement exécutées. Or, cette comptabilité n'est satisfaisante que si aucun retard particulier n'est apporté dans les règlements. Mais spécialement au sujet des sinistres, des difficultés peuvent s'élever et le sinistre peut n'être payé qu'avec beaucoup de retard, souvent même, il ne sera payé qu'après intervention du juge. Le décret du 8 mars 1922 prescrit que l'entreprise doit constituer à la fin de chaque exercice une réserve pour l'ensemble de ces sinistres à régler et l'article 3 du décret du 28 mai 1926 a admis l'attribution à ce compte de dotations normales. Il ne nous paraît pas que l'expression : dotation normale puisse présenter des difficultés dans ce cas particulier, car il s'agit de sinistres qui se régleront en général pour une somme intermédiaire entre le maximum réclamé par le sinistré et le minimum proposé par l'assureur. Comme le fait remarquer la circulaire n° 1464 (éd. off., page 19), il s'agit d'une véritable provision. Les erreurs d'évaluation seront automatiquement corrigées au moment du règlement effectif. Il nous semble donc possible d'admettre que ce compte reste doté normalement lorsqu'il est évalué sur le maximum réclamé par les sinistrés.

Commissions d'acquisition. — Les commissions d'acquisition représentent selon nous, toutes les dépenses qui sont relatives à l'acquisition des affaires. Dans le langage courant, on ne réserve le terme de commissions d'acquisition, qu'aux sommes attribuées aux intermédiaires (agents, courtiers, inspecteurs), en raison de chaque affaire réalisée et considérée isolément. Cette conception est trop étroite et nous pensons qu'il convient de comprendre dans le compte de commissions d'acquisition, toutes les dépenses occasionnées par ces inter médiaires. Il faut y inscrire, à notre avis, toutes les indemnités fixes versées aux agents et inspecteurs quelle que soit leur appellation (frais de voyage, de correspondance, de résidence,...). Nous ne critiquons pas la pratique de certaines Compagnies qui font supporter une partie de ces dépenses par le compte de frais généraux. Mais, pour des motifs surtout fiscaux, qui apparaîtront lorsqu'il s'agira de déterminer la part des frais du siège social à la charge des succursales installées à l'étranger, il est recommandable de ne comprendre dans les frais généraux que les dépenses non spécialisées d'administration.

Les commissions d'acquisition, ainsi déterminées, sont normalement à la charge de l'exercice qui les concerne et effectivement, elles sont admises, pour leur intégralité, comme charge déductible.

Mais ce genre de dépenses présente des particularités. La commission d'acquisition est représentée, soit implicitement, soit explicitement, dans chaque prime annuelle sous forme de chargement. Logiquement donc, la commission devrait être payée lors de l'encaissement de chaque prime annuelle et représenterait pour l'intermédiaire une espèce de revenu annuel. Les entreprises d'assurances, cependant, ont pris l'habitude de payer en une seule fois, lors de la réalisation de l'affaire, les commissions qui auraient dû être échelonnées sur toute la durée du contrat ; de plus, ce versement unique fixé surtout par les exigences des intermédiaires, est très supérieur à la valeur actuelle des chargements appliqués à la prime et représente pour l'entreprise une dépense immédiate, très considérable, qui ne sera que partiellement récupérée par les chargements spéciaux inclus dans chaque prime.

On se trouvait donc en face d'une dépense consommée et d'une possibilité de récupération progressive de cette dépense. Mais cette récupération gardait un caractère aléatoire. D'autre part, cette dépense devenait si considérable que les entreprises privées, ne possédant pas un fonds de roulement de primes suffisant, ne pouvaient la supporter intégralement dans l'exercice qui l'avait produite. Il a fallu chercher un remède à cette situation.

Les techniciens ont proposé de procéder à l'amortissement des frais d'acquisition par un aménagement du calcul des réserves mathématiques. Ils ont proposé diverses méthodes de calcul qui tiendraient compte de ces frais non amortis (1). En France, ces

1. Voir sur ces diverses méthodes : *Bulletin de l'Association des actuaires suisses,* 14ᵉ cahier, 1919, p. 30 et suiv. ; P. Smolensky,

méthodes purement techniques, furent rejetées, et les réserves mathématiques doivent être calculées, au minimum suivant les prescriptions réglementaires exposées précédemment.

Mais une solution pratique est intervenue dont la réglementation est contenue dans les décrets des 24 octobre 1919, 18 novembre 1919 et 13 novembre 1924 relatifs à l'assurance sur la vie et à la capitalisation, dans l'arrêté du 5 avril 1922 relatif aux assurances en général. Cette réglementation permet aux entreprises de porter à l'actif de leurs bilans des comptes d'attente dits de *commissions escomptées*.

Mais ces comptes sont facultatifs et les entreprises restent libres d'amortir intégralement, à la fin de chaque exercice, les commissions d'acquisition afférantes à cet exercice ; dans certaines entreprises même (tontines et sociétés d'épargne) cet amortissement intégral est obligatoire.

Les commissions d'acquisition ont nettement le caractère de dépenses industrielles et doivent être admises en déduction, pour leur intégralité, dans l'exercice même qui les a produites.

Passons au cas d'une entreprise qui a fait usage de la faculté d'ouvrir des comptes de commissions escomptées.

Commissions escomptées : leur amortissement. — Les comptes de commissions escomptées

Las Teorias de la reserva matematica en los seguros de vida. Barcelona, 1925 ; Poterin du Motel, *op. cit.*, n° 219.

sont assujettis à trois principes : 1º au principe de l'indépendance des exercices ; 2º au principe du montant maximum ; 3º au principe de l'amortissement.

1º *Principe de l'indépendance des exercices.* — Les comptes de commissions escomptées sont individualisés par exercices. Les commissions escomptées d'un exercice déterminé sont indépendantes de celles des exercices précédents et suivants. Le bilan mentionnera donc distinctement, par exemple, les commissions escomptées de l'exercice 1924, celles de l'exercice 1925, celles de l'exercice 1926..., etc... Ce principe de spécialisation par exercice des commissions escomptées a pour conséquence que chaque compte séparément, après avoir satisfait au principe du montant maximum, devra satisfaire au principe de l'amortissement.

2º *Principe du montant maximum.* — Ce principe règle la constitution du compte de commissions escomptées. La réglementation précitée n'autorise à porter à ce compte les commissions réelles que dans une limite déterminée ; cette limite est un maximum impératif. Si les commissions réelles dépassent le maximum autorisé de commissions escomptées, l'excédent doit être immédiatement amorti. Il faut admettre, par analogie avec le cas d'amortissement intégral, que cet excédent constitue une charge déductible. Mais l'entreprise peut porter en commissions escomptées une somme inférieure au maximum autorisé ; dans ce cas encore, la diffférence entre les commissions réelles et celles portées au compte d'attente doit être admise en déduction.

Dès que le compte de commissions escomptées a été ouvert et son montant déterminé, ce compte devra être amorti.

3° *Principe de l'amortissement.* — L'amortissement des comptes de commissions escomptées est empirique. Il est réglementé, actuellement, par le décret du 13 novembre 1924 en matière d'assurances sur la vie et de capitalisation et par l'arrêté du 5 avril 1922 en matière d'assurances en général. Le décret du 13 novembre 1924 fixe d'abord une durée maxima d'amortissement de onze ans, dix ans ou neuf ans et un amortissement minima annuel égal au onzième au dizième ou au neuvième du montant initial du compte des commissions. L'arrêté du 5 avril 1922 fixe la durée maxima d'amortissement à cinq ans et l'amortissement minima annuel au cinquième du montant initial du compte. Tel est le principe de la réglementation.

Les comptes de commissions escomptées ont le caractère d'une tolérance financière et les textes qui les régissent sont conformes à la notion du contrôle, garantie sociale. On observe en effet que ces textes limitent l'amortissement à une durée très réduite maxima, et exigent un amortissement minima pendant ce laps de temps. Les compagnies sont donc libres d'appliquer plus rigoureusement les textes réglementaires, de réduire la durée de l'amortissement et de procéder à des amortissements supérieurs à ceux qui sont imposés.

Au regard de la loi fiscale, l'article 3 du décret du 28 mai 1926 a prévu, dans un de ses paragraphes ces amortissements et porte que le solde du compte de profits et pertes est augmenté le cas échéant : « Des « sommes affectées à des amortissements... qui ne « seraient pas aménagés suivant les prescriptions « réglementaires ». L'interprétation stricte de ce texte devrait conduire à réintégrer dans le bénéfice tout amortissement qui excéde l'amortissement minima calculé sur la durée maxima. Nous pensons, toutefois qu'ici, il convient de tenir compte du caractère de cette réglementation qui est surtout fondée sur une notion de protection des assurés, et aussi des habitudes des entreprises. Il ne faut pas oublier aussi que les commissions d'acquisition sont des dépenses d'exploitation qui, normalement, devraient être immédiatement amorties. A notre avis, les habitudes des compagnies doivent être respectées et même au regard de la loi fiscale, les amortissements pratiqués habituellement pour une valeur supérieure à leur valeur minima doivent être admis en déduction. Nous admettrons cependant que, dans le cas où une compagnie modifierait brusquement et profondément ses procédés d'amortissement, il pourrait être procédé à une rectification. La question devrait, néanmoins, être étudiée avec le plus grand soin car des amortissements immédiats peuvent être imposés par des circonstances survenues ou prévisibles, telles qu'un

resserrement des affaires, des difficultés futures de
trésorerie. Les comptes de commissions escomptées
constituent pour les entreprises un poids mort, un
actif fictif qui doit disparaître le plus rapidement
possible. Nous ajouterons, que si une réintégration
pour amortissement exagéré au cours d'un exercice s'est produite, par application de la loi fiscale,
cette réintégration devra venir en déduction dans
l'exercice suivant, car selon nous, il y a eu report
d'une dépense d'exploitation d'un exercice à un autre
exercice.

Frais généraux. — Le compte de frais généraux ne présente pas en lui-même de difficultés. Il
doit contenir uniquement les dépenses d'administration et de gestion à l'exclusion de tous les frais
occasionnés par la recherche et la réalisation des
affaires. Toutefois, les frais généraux doivent com-
porter des distinctions. L'entreprise d'assurances,
pour fonctionner rationnellement, doit exploiter un
très grand nombre de risques et, sans enfreindre la
règle de l'homogénéité des risques, doit réaliser la
plus grande division de ces risques. L'exploitation
dans le territoire français n'est déjà pas négligeable,
mais il est souhaitable que les entreprises françaises
étendent leurs opérations à l'étranger. Les compagnies qui se restreignent actuellement à l'exploitation du territoire français sont rares, et surtout depuis le début du xxᵉ siècle, l'assurance a pris un
véritable caractère international. Les entreprises

françaises travaillent à l'étranger comme les compagnies étrangères travaillent en France. L'extension des entreprises est très recommandable, non seulement parce qu'elle permet l'application du principe technique de la division des risques, mais aussi parce qu'elle produit des mouvements de capitaux qui peuvent être favorables à l'intérêt national. L'article 82 de la loi du 13 juillet 1925 a admis, conformément au droit commun la distraction des bénéfices réalisés à l'étranger. Cependant les exploitations à l'étranger sont plus ou moins indépendantes et il n'est pas rare que le siège social intervienne par des opérations d'administration et de gestion. Il était dès lors normal, que les frais généraux particuliers, qui se refèrent indistinctement à l'ensemble des exploitations en France et à l'étranger, ne soient pas intégralement supportés par les exploitations en France. Il faut donc distinguer les frais généraux des exploitations en France et les frais généraux du siège social qui se refèrent à l'ensemble de toutes les exploitations. Seuls les frais généraux des exploitations en France doivent être admis en déduction ; ils seront cependant augmentés d'une part des frais généraux du siège social dans la proportion des primes recueillies en France et de l'ensemble des primes recueillies par l'entreprise. Le décret du 28 mai 1926, article 3, dans l'un de ses paragraphes, donne explicitement cette solution sous la forme équivalente suivante. Le solde du compte de profits et pertes est augmenté, le cas échéant, « de la frac-

« tion des frais du siège social imputables aux suc-
« cursales et agences étrangères, suivant la propor-
« tion constatée entre le montant des primes recueil-
« lies par ces succursales ou agences et le montant
« des primes recueillies par la société. »

En général, cette distinction entre les frais généraux sera facile car la comptabilité elle-même l'aura
faite ; mais si la comptabilité a fait la confusion de
tous les frais généraux, il sera nécessaire d'en distraire ceux qui se refèrent spécialement aux exploitations en France, distraction qui nous paraît toujours possible parce que la comptabilité des assurances est très complète ; le solde constituera alors
les frais généraux qui doivent être répartis entre
chacune des exploitations. Nous retrouverons cette
question en parlant des bénéfices réalisés à l'étranger.

Les frais généraux ont donné lieu à une difficulté
en droit commun fiscal, relativement à la distribution de ces frais entre l'exploitation industrielle ou
commerciale et la gestion patrimoniale ; cette difficulté a été résolue et la distribution de ces frais a
été fixée par l'article 2 de la loi du 13 juillet 1925 (1).
L'article 82 de la loi du 13 juillet 1925 imposant
aussi bien les revenus industriels que les revenus
patrimoniaux, contrairement au droit commun,
l'ensemble des frais généraux industriels et patrimoniaux devait être déductible. On pourrait donc

1. Voir Allix et Lecerclé, *op. cit.*, t. I, p. 369. et suiv. ; Bocquet,
op. cit., p. 310.

conclure à l'inutilité de la ventilation entre ces frais (1), l'application stricte des textes conduit en effet à cette conclusion. Nous verrons cependant, plus loin (chapitre spécial), que l'imposition de tous les revenus des capitaux mobiliers et immobiliers des entreprises assujetties à l'article 82 de la loi du 13 juillet 1925 n'est pas équitable et qu'elle se heurtera à des difficultés pratiques qui pourront conduire à de nouvelles dispositions consacrant une exonération partielle des revenus mobiliers et immobiliers. La question de la ventilation des frais généraux pourrait alors se poser mais elle devrait être résolue, selon nous, par analogie avec le droit commun, conformément à l'article 2 de la loi du 13 juillet 1925.

Quant au contenu même du compte de frais généraux, nous pensons que les règles dégagées par le droit commun s'appliquent, en particulier les règles applicables aux tantièmes et jetons de présence des administrateurs, en vertu de l'article 79 de la loi du 13 juillet 1925 et de l'article 4 de la loi du 19 décembre 1926 (2). La circulaire n⁰ 1464 prévoit « que les tantièmes attribués aux administra-

---

1. En ce sens, Allix et Lecerclé, *op. cit.*, t. I, p. 374.

2. V. Bonnin, *op. cit* , p. 72 ; Allix et Lecerclé, *op cit.*, t. l, p. 359 ; Bocquet, *op. cit.*, supplément p. 40 ; Note-circulaire de la Direction générale des Contributions directes du 11 mars 1927 (*Recueil Dupont*, 1927, p. 255) ; Réponse à une question écrite de M. Roulleaux-Dugage du 12 nov. 1926 (*J. O.* du 12 janvier 1927 Débats Ch., p. 9) de M. About du 3 déc. 1926 (*J. O.* du 18 février 1927. Débats Ch., p. 441) ; Décision com. sup. des bénéfices de guerre du 18 décembre 1926 (*Rec. off.*, n⁰ 457).

« teurs doivent, par contre, rester compris dans les
« bases de l'impôt » (circulaire n° 1464, éd. off. p. 28).
La solution nous paraît conforme au droit commun,
qui admet, dans certains cas, la déduction comme
frais généraux des rétributions allouées à des administrateurs lorsqu'elles ont le caractère de charges
sociales. En principe, les tantièmes doivent rester
compris dans le bénéfice imposable, la circulaire
n° 1464 a confirmé ce principe et elle n'a, selon nous,
omis de mentionner la distinction dégagée par le
droit commun qu'à cause de l'inutilité de cette
indication (1).

Nous terminerons le titre des frais généraux en
disant quelques mots des primes d'assurances comprises dans les frais généraux et relatives à la réparation des préjudices éventuels que peut subir
l'exploitation.

Une entreprise industrielle quelconque fonctionne
avec un certain caractère de continuité et de consistance. Une bonne gestion exige que toutes les
mesures propres à assurer cette continuité et à conserver cette consistance soient prises ; l'entreprise
court des risques qui peuvent la mettre en péril, tels
les risques d'incendie des usines, d'accidents des
ouvriers. La garantie de ces risques représente,
selon nous, une charge de l'entreprise, une dépense
qui ne doit pas être évitée, c'est un risque d'exploitation analogue au risque professionnel du droit

---

1. En sens contraire, Bocquet, *op. cit.*, supp. p. 40 note 2.

privé. Les risques étant assurables, le paiement d'une prime d'assurance permettra, si un sinistre survient, de replacer immédiatement l'exploitation dans la situation antérieure et d'assurer sa continuité. La prime d'assurance affectée à ce but est une charge de l'entreprise et le droit fiscal admet cette déduction avec cette réserve, exacte d'ailleurs, que la prime d'assurance doit être équivalente à celle qui devrait être payée à une compagnie d'assurances. Nous ajouterons qu'il faut, en outre, que cette prime corresponde effectivement à un risque de l'exploitation pour sa valeur réelle et nous définissons le risque d'exploitation : le risque qui peut compromettre la continuité de l'entreprise et diminuer sa force productive. A titre d'exemple, prenons le cas du risque d'incendie de l'usine et supposons que le sinistre survienne. La compagnie d'assurances paiera un capital avec lequel l'usine sera reconstruite. Selon nous, d'une part le capital reçu par l'entreprise sinistrée (même si elle n'en fait pas le remploi) n'est pas imposable en raison de son caractère de capital, d'autre part, les primes payées antérieurement ne sauraient être rapportées parce qu'elles ont été consommées et qu'elles correspondaient à un risque que l'exploitation avait la charge de couvrir. Cette solution ne serait peut-être pas légitime à l'époque où l'assurance n'existait pas ou dans le cas où, même actuellement, le risque ne serait pas assurable. On ne parlerait pas alors de primes d'assurances, il n'y aurait pas d'indemnités

et il faudrait admettre que le sinistre serait entièrement à la charge de l'exercice qui l'a vu survenir.
L'assurance a modifié cette conception et nous
admettons que la prime d'assurances est une véritable charge déductible ; il faudrait donc admettre
que dans le cas où un exploitant ne s'assure pas à
une compagnie, mais prélève sur les frais généraux
une somme équivalente à celle que réclamerait la
compagnie d'assurances, cette somme reste déductible au titre de charge de l'exploitation ; si alors un
sinistre survient, l'exploitant devrait le réparer au
moyen de ses deniers personnels, car au lieu d'avoir
fait de l'assurance, il a joué sur son capital et doit
supporter les conséquences de son jeu ; en d'autres
termes, selon nous, dès que l'entreprise a supporté
la prime d'assurance ou une somme équivalente, le
sort de l'entreprise est éliminé et toute perte ou
bénéfice provenant d'un sinistre doit rester en
dehors de l'entreprise elle-même, et par conséquent
en dehors de la cédule des bénéfices industriels et
commerciaux à laquelle l'entreprise est assujettie.
Si d'autre part, l'exploitant ne s'est nullement
préoccupé des risques que court son entreprise et
n'a passé aucune dépense de primes, nous pensons
que le sinistre conserve son caractère de perte en
capital et n'est pas une perte déductible. Il nous
paraît toutefois possible de réintégrer dans les frais
généraux la prime qui aurait dû être normalement
payée ; la même solution nous paraît applicable lorsque la prime d'assurance correspond

à une estimation trop faible de l'objet assuré.

Si le caractère de capital de l'indemnité d'assurance n'est pas contesté, par contre l'administration ne paraît pas appliquer intégralement notre opinion. En particulier, elle estime que, lorsque l'exploitant est resté son propre assureur, si le sinistre est inférieur à la prime d'assurance réservée, l'excédent de cette prime doit être réintégré dans les bénéfices (1).

Les entreprises d'assurances, de capitalisation et d'épargne courent, comme toute entreprise, des risques, qu'elles couvriront au moyen de primes, mais il pourra arriver que ce soit l'entreprise elle-même qui garantit ses propres risques ; il faut néanmoins conclure que ces primes constituent des charges déductibles et que la réparation des préjudices garde le caractère de capital.

Mais, quand l'entreprise d'assurances est considérée comme exploitant l'ensemble de tous les risques,

1. V. Bocquet, *op. cit.*, page 309, note 2. Lecerclé, *L'impôt cédulaire sur les bénéfices industriels et commerciaux*, Thèse Paris. 1922 ; Réponse à une question écrite de M. Nicolle, député, du 2 octobre 1926, *J. O.* du 19 janvier 1927. Les indemnités versées à une société au décès d'un des associés nous paraissent prendre un caractère particulier. Nous ne pensons pas que le risque de perdre un associé soit un risque de l'exploitation, et si les primes d'assurances ont été admises en déduction nous croyons qu'il est naturel que l'indemnité reçue soit imposable ; l'entreprise profite de cette indemnité d'assurance, alors que dans le cas général que nous avons étudié, elle ne réalise par les sinistres ni bénéfices, ni pertes ; en d'autre termes, l'entreprise peut s'éteindre par défaut de substance ; c'est une véritable réalisation d'actif non imposable ; au contraire, la perte d'un associé, si elle touche l'entreprise, n'éteint pas et même ne diminue pas sa substance.

les sommes qu'elle paie aux assurés ou dans certains cas à elle-même, ne constituent plus des pertes en capitaux mais, par suite de son mode d'exploitation, des dépenses déductibles.

Amortissements industriels (1). — Il faut distinguer : 1° l'amortissement des éléments matériels de l'exploitation et 2° l'amortissement des frais occasionnés par l'exploitation.

1° L'amortissement des éléments matériels de l'entreprise ne présente pas, en matières d'assurance, de capitalisation, ou d'épargne, une importance très grande. Ces entreprises fonctionnent avec un matériel très réduit, représenté par des meubles de bureaux et des machines comptables. L'habitude des compagnies est d'amortir immédiatement ces dépenses, et il ne nous paraît pas que le droit fiscal y fasse échec.

L'entreprise fonctionne cependant dans des immeubles qui subissent un dépérissement annuel. Comme l'immeuble appartient, non pas à l'exploitation industrielle, mais à la gestion patrimoniale, c'est cette dernière gestion qui doit supporter l'amortissement de ses éléments. D'ailleurs, nous avons indiqué que l'exploitation industrielle doit être débitée du loyer des locaux qu'elle occupe et ce loyer contient implicitement tous les dépérissements dûs au fait de l'occupation. Nous retrouverons donc les

---

1. Voir Banès, *Les amortissements industriels, les réserves et le report à nouveau au point de vue fiscal,* 1925.

amortissements immobiliers à propos de la gestion patrimoniale.

2° Par l'expression : frais occasionnés par l'exploitation, nous entendons les frais de constitution et de premier établissement et les dépenses d'installations nouvelles. En somme, il ne s'agit pas, à proprement parler, d'amortissements, car ce terme doit s'entendre, en droit fiscal surtout, des procédés propres à reconstituer des éléments matériels.

Ces frais seront en général couverts au moyen d'emprunts qui constituent pour l'entreprise un poids mort ; ces frais doivent être amortis le plus vite possible. Cet amortissement est réglementé par l'article 25 du décret du 8 mars 1922, par les décrets des 20 janvier 1906 et 1ᵉʳ avril 1908, modifiés par le décret du 20 décembre 1912 qui disposent que les dépenses de premier établissement doivent être amorties en quinze ans au plus, par fractions annuelles au moins égales au quinzième de leur montant initial. On pourrait soutenir que seuls les amortissements conformes à cette réglementation peuvent être admis en déduction puisque le décret du 28 mai 1926, dans son article 3, mentionne la réintégration dans les bénéfices « des sommes affectées à des amortissements qui ne seraient pas aménagés suivant les prescriptions réglementaires ». Nous ne pensons pas que cette interprétation étroite doive être acceptée et nous croyons, au contraire, qu'il convient d'admettre l'amortissement de ces dépenses dans un délai inférieur à quinze ans, dans un seul exercice si les facultés de l'entreprise le permettent (1).

Les intérêts des emprunts émis par l'entreprise pour les besoins de son fonctionnement sont également déductibles, conformément au droit commun fiscal (2), mais l'amortissement de ces emprunts a le caractère de remboursement de capital et doit rester compris dans le bénéfice imposable (3). Les intérêts, même statutaires, attribués aux capitaux engagés dans l'entreprise ou aux réserves facultatives, sont, par contre, non déductibles (4).

Provisions. — L'article 3 du décret du 28 mai 1926 prévoit la réintégration dans le bénéfice imposable « des sommes affectées à des provisions qui « n'auraient pas pour objet de couvrir des pertes que « des évènements en cours rendent probables ».

Cette disposition est conforme au droit commun fiscal ; l'Instruction du 30 mars 1918 (art. 22) reconnaissait déjà la légitimité de provisions en vue de

---

1. V. Allix et Lecerclé *op. cit.*, t. I, page 365 ; Bocquet, *op. cit.*, p. 300, note 1, et 308, note 5 et les décisions de la Commission supérieure des bénéfices de guerre du 7 sept. 1917 (*Rec. off.* n° 191), du 14 février 1920 (*Rec. off.*, n° 373), du 30 novembre 1917 (*Rec. off.*, n° 210).

2. Sur les emprunts des sociétés mutuelles, voir Sumien, *op. cit.*, n° 283 et 597 ; Houpin et Bosvieux *op. cit.*, t. II n° 1329 et appendice au t. II n° 62.

3. V. Instruction du 30 mars 1918, article 17 ; Bocquet, *op. cit.*, pages 305 et suiv ; Allix et Lecerclé, *op. cit.*, t. I, p. 366.

4. Bocquet, *op. cit.*, p. 282 ; décision com. sup. des bénéfices de guerre du 31 janvier 1919 (*Rec. off.*, n° 343). Arrêts du Conseil d'Etat rendus en matière de bénéfices de guerre du 11 mai 1923, 26 janvier 1923, 10 août 1923 (annexes à la Note n° 802 du 23 mai 1924).

couvrir des pertes que des événements en cours suffisent à faire tenir pour probables.

Nous pensons toutefois que, en matière d'assurances, le droit commun fiscal est insuffisant. Il ne faut pas oublier que l'entreprise d'assurances et l'entreprise industrielle ordinaire présentent des différences essentielles. Les opérations des entreprises d'assurances sont des opérations à long terme évaluées d'après les circonstances économiques présentes, tandis que les opérations des entreprises industrielles ordinaires se renouvellent sans cesse et à des intervalles très rapprochés ; on conçoit donc qu'en matière d'assurances, les provisions peuvent prendre une importance particulière si la situation économique considérée comme stable vient à se modifier en affectant les engagements assumés par l'entreprise. On trouvera donc, en matière d'assurances, des difficultés pratiques qui résultent de la durée des opérations. La question des provisions ne peut être limitée par des principes rigides ; la considération de chaque cas particulier s'impose et la légitimité de la provision résultera de l'examen des faits et de l'expertise.

Les créances acquises sont une source essentielle de provisions lorsque ces créances sont douteuses ou irrécouvrables. Ce cas se présentera lorsque les agents, chargés d'encaisser les primes de leurs clients, n'en créditeront pas la compagnie. On peut même admettre que l'entreprise, en se fondant sur son expérience, possède le droit de constituer une

provision déterminée d'après la proportion, constatée habituellement, du montant des créances non
recouvrées et du montant des créances acquises (1).

Les provisions pour annulations de primes mora-
toriées peuvent aussi être justifiées, mais, actuellement, elles ne présentent plus qu'un intérêt historique.

En général, les provisions qui sont possibles
dans les entreprises ordinaires, peuvent aussi être
constituées en matière d'assurance, de capitalisation
ou d'épargne, et chaque cas particulier devra être
envisagé isolément.

Le fonctionnement de l'entreprise d'assurances,
cependant, peut nécessiter des provisions qui lui
sont propres et ces provisions peuvent présenter le
caractère de véritables réserves techniques.

Nous avons déjà parlé de la réserve pour sinistres
à régler dont le caractère est d'être une provision
permanente régularisant la charge propre à chaque
exercice. On pourra rencontrer des provisions pour
échéances à régler lorsque le paiement des capitaux échus sera retardé par une action en justice ou
par une autre cause. Ce cas se présentera lorsqu'un
contrat ayant été souscrit avant la guerre en francs-
or, les tribunaux condamnent l'entreprise à payer
le capital en francs-or ou en une quantité de monnaie

---

1. Analogie avec la décision de la Commission supérieure du
23 février 1918 (*Rec. off.*, n° 311) à propos d'une société de banque.
V. aussi Bocquet, *op. cit.*, page 304 ; décision com. sup. du
8 octobre 1920 (*Rec. off.*, n° 370).

de papier équivalente ; or l'entreprise ne possède effectivement en réserve que le montant du capital nominal en francs-papier et l'obligation de payer une somme supérieure peut légitimer, selon nous, l'ouverture d'une provision pour échéances litigieuses (1).

Les primes échues et non recouvrées nous paraissent pouvoir donner lieu à une provision si les faits ou les circonstances économiques laissent prévoir le non paiement de tout ou partie de ces primes. Certaines entreprises ont l'habitude de passer les primes échues et non recouvrées au compte de profits et pertes ; cette règle doit, à notre avis, être respectée (2).

La question de la garantie des risques de guerre ne manque pas d'intérêt au point de vue fiscal. Cette garantie peut d'ailleurs être prévue dans des formes très diverses, dont la plus remarquable consiste dans la garantie gratuite du risque de guerre. La Compagnie s'engage, sans majoration de la prime, à payer intégralement le sinistre survenu du fait de la guerre. Il faut alors distinguer : 1° la survenance de

1. Nous ne pouvons entrer dans les détails de la question; elle ne manque cependant pas d'intérêt parce qu'elle met en jeu tout le fonctionnement de l'assurance et l'équilibre des entreprises. Nous croyons que la jurisprudence des tribunaux, qui condamne les entreprises à payer des capitaux supérieurs au montant des réserves que la loi leur impose, est dûe à une compréhension insuffisante du fonctionnement règlementaire des entreprises d'assurances.

2 Comp. arrêt du Conseil d'Etat du 25 mars 1925 rendu en matière de bénéfices de guerre (*Recueil Dupont*, 1926, p. 428).

la guerre, événement qui n'est pas susceptible de
détermination quant à l'époque de sa réalisation ;
2º la guerre étant survenue quelles en seront les conséquences quant aux engagements de l'entreprise ?
La compagnie qui garantit le risque de guerre doit
envisager ces deux phases et prévoir financièrement
les procédés propres à répartir sur toute la durée
du contrat la charge exceptionnelle qui lui incom-
bera, dès l'arrivée de la guerre, du fait de l'aggravation des risques assurés. L'aggravation des risques
est actuellement connue et peut être évaluée grâce
aux statistiques recueillies de 1914 à 1918, mais
l'époque de cette aggravation des risques étant
subordonnée à la déclaration de guerre reste incon-
nue. A notre avis, la garantie des risques de guerre
n'est pas une opération d'assurance parce que préalablement il intervient une opération de jeu. Malgré
cette indétermination, les entreprises d'assurances
ne doivent pas se désintéresser des conséquences
de la guerre et, en se fondant sur leurs engagements
contractuels, constituer des provisions qui sont justifiées. Le montant de ces provisions reste arbitraire et peut être discuté, mais l'administration
fiscale ne peut, à notre avis, rejeter *a priori* le principe des provisions pour risques de guerre (1).

1. Voir Sumien, *op. cit.*, nº 332 ; Poterin du Motel, *op. cit.*, nº 38 ;
Maze, *Etude juridique du risque dans l'assurance sur la vie*.
Thèse Paris, 1905, page 138.

Comp. Décision com. sup. des bénéfices de guerre du 23 avril
1921 (*Rec. Dupont*, 1922, p. 295) il faut toutefois remarquer que

La garantie des risques de guerre n'offre pas de difficultés spéciales lorsque cette garantie fonctionne au moyen d'un fonds de bénéfices accumulés en faveur des assurés. Nous verrons que les sommes versées dans un fonds de bénéfices des assurés sont déductibles du bénéfice imposable.

Le risque d'insolvabilité des réassureurs peut aussi justifier l'ouverture d'une provision. La réassurance est en effet sans influence sur les engagements de l'assuré et de l'assureur initial (art. 36 du décret du 8 mars 1922) et l'assureur initial est tenu à l'accomplissement intégral de ses engagements envers l'assuré, même dans le cas de défaillance du réassureur. On peut donc admettre le principe d'une provision pour risque d'insolvabilité du réassureur, provision qui sera, par exemple, fixée à un certain pourcentage des capitaux réassurés, pourcentage qui sera apprécié en fait.

Participation dans les bénéfices et retraites du personnel. — Le décret du 28 mai 1926 (art. 3) indique que le solde du compte de profits et pertes est diminué, le cas échéant, « des participations « attribuées au personnel de l'entreprise ainsi que « des versements faits à des institutions de pré- « voyance créées en faveur dudit personnel ».

Relativement à cette question, nous ne pensons

---

cette décision a été rendue au cours d'une guerre, elle ne peut donc servir pour l'appréciation de provisions constituées en temps de paix.

pas que les entreprises d'assurances, de capitalisation et d'épargne soient soumises à un régime particulier. A notre avis, le droit commun fiscal reste applicable (1) et les sommes versées au personnel sont déductibles, qu'elles soient prélevées sur les bénéfices ou considérées comme frais généraux.

Une remarque nous paraît cependant nécessaire. Le droit commun fiscal a surtout envisagé le paiement des arrérages de rentes sans constitution préalable d'un fonds de retraites. Or, les entreprises d'assurances établissent des Caisses de retraites qui fonctionnent techniquement comme un groupe spécial d'assurances ; les versements faits à ces caisses et les engagements qui en résultent sont fixés d'après des tarifs. Ces caisses ont donc une existence propre, à côté de l'entreprise, et sont soumises à des obligations déterminées. Il faut admettre que les sommes qui alimentent ces caisses de retraites sont déductibles en raison de leur caractère d'obligation technique ; nous adopterions la même solution dans le cas de versements effectués sur un livret d'épargne dont l'employé est propriétaire. A notre avis, si l'entreprise n'a pas la possibilité d'opérer le retrait, à son profit, des versements effectués antérieurement en faveur de son person-

---

1. Allix et Lecerclé, *op. cit.*, t. I, page 36o ; Bocquet, *op. cit.*, page 31a et supp. p. 5i. Réponse à une question écrite de M. Poittevin, député (*J. O.* du 2 mars 1926 : Débats Ch., p. 1112), de M. Perreau-Pradier, député (*J. O.* du 2 mars 1926, Débats Ch., p. 1115) ; décision de la com. sup. des bénéfices de guerre du 23 novembre 1925 (*Rec. off.*, no 454).

nel, ces versements sont déductibles. Nous ajoutons que si le fonds de retraite a été considéré comme non imposable lors de sa constitution, les pensions servies par ce fonds ne sont pas des dépenses de l'entreprise et par conséquent, ne peuvent être déductibles.

Bénéfices répartis aux assurés ou adhérents (1). — L'article 3 du décret du 28 mai 1926 indique que le solde du compte de profits et pertes est diminué, le cas échéant, « des bénéfices répartis « aux assurés ou adhérents en vertu des dispositions « contractuelles ou statutaires, y compris, lorsque « la répartition ne se fait que par périodes de plu « sieurs années, les réserves constituées en vue « d'assurer cette répartition ».

Cette disposition a une portée très générale. Elle s'applique aussi bien aux mutuelles qu'aux entreprises à primes fixes, aux bénéfices distribués immédiatement en espèces comme aux bénéfices qui sont réservés dans un fonds d'accumulation.

Nous ne pensons pas que la distribution de bénéfices aux assurés ou adhérents puisse donner lieu à des difficultés fiscales. Nous examinerons cependant deux cas particuliers.

Dans les entreprises d'assurances sur la vie, les

---

1. V. Pannier, *De l'autorisation et de la surveillance des sociétés d'assurances sur la vie*, Thèse Paris, 1905, pages 64 et suiv. ; Pigasse, *Assurances sur la vie*, Thèse Toulouse, 1914 ; Sumien, *op. cit.*, n° 230 et suiv. ; n° 324 et suiv. ; n° 372 et suiv.

bénéfices attribués aux assurés peuvent être versés à un fonds d'accumulation, dans lequel chaque assuré possède une part déterminée. Cette part sera payée au bénéficiaire après un certain laps de temps, dans des conditions prévues. Le fonds d'accumulation est un poste de l'actif de l'entreprise représenté par des valeurs mobilières ou immobilières productives d'intérêts ; le fonds doit bénéficier de ses revenus. Il est donc logique d'admettre que non seulement les affectations nouvelles, mais aussi les revenus du fonds d'accumulation soient déductibles. Pour les revenus, la déduction est possible non au titre de bénéfices attribués aux assurés mais au titre de charge d'exploitation. Le fonds d'accumulation fonctionne, d'ailleurs, comme organisme autonome, indépendant de l'entreprise. Cette remarque précise cette conséquence que les sommes prélevées sur le fonds n'ont pas le caractère de charges de l'entreprise et ne sont pas déductibles. A notre avis, il y a analogie complète entre le fonds d'accumulation de bénéfices constitué au profit des assurés et les caisses de retraites instituées au profit du personnel.

Dans les entreprises de capitalisation, des bénéfices peuvent être distribués entre les souscripteurs par la voie du tirage au sort. Les contrats désignés par le tirage sont immédiatement exécutés et leurs titulaires reçoivent le capital prévu. Nous sommes en présence d'un mode spécial de distribution mais il n'est pas douteux que les sommes distribuées suivant ce procédé doivent être distraites du bénéfice imposable ; elles sont en effet des répartitions de bénéfices dont les assurés ou adhérents sont bénéficiaires (1).

B. — Gestion patrimoniale

Nous avons indiqué que les entreprises d'assurances, de capitalisation et d'épargne présentent des particularités qui les distinguent nettement des entreprises industrielles ordinaires. Les entreprises que nous étudions fonctionnent au moyen de capitaux mobiliers et immobiliers productifs d'intérêts, tandis que les entreprises industrielles ordinaires tirent leurs revenus de la transformation de matières premières. Il était indispensable, relativement aux entreprises d'assurances, de capitalisation et d'épargne, d'apporter une dérogation au principe de l'autonomie des cédules. En vertu de cette dérogation tous les revenus de la gestion patrimoniale sont imposables. Mais, par contre, par application du principe de l'équivalence entre la valeur des engagements industriels et la valeur des capitaux mobiliers et immobiliers qui les représentent, la gestion patrimoniale doit supporter les charges qui permettent de réaliser à la fin de chaque exercice cette équivalence. En d'autres termes, les capitaux mobiliers et

1. Sur ce cas particulier, V. Débats Sénat, 2ᵉ séance du 9 juillet 1925, p. 1441.

immobiliers contribuent, en fait, à la formation du bénéfice industriel, ils constituent une partie de la substance productive de l'entreprise et le droit fiscal cédulaire, impôt permanent sur le revenu, doit accepter en déduction toutes les charges qui sont susceptibles de conserver la substance productive de l'entreprise (1). Nous trouverons donc, d'une part, des revenus mobiliers et immobiliers imposables, et d'autre part des amortissements déductibles, dont le but est de réaliser l'équivalence entre les engagements industriels et les éléments de l'actif, évalués suivant des prescriptions réglementaires. En résumé, nous allons rencontrer une dérogation au principe de la non-imposition d'un même revenu à deux cédules, mais cette dérogation est imposée par des circonstances techniques particulières ; c'est une dérogation exceptionnnelle dont on ne doit pas tirer de conséquences pour les entreprises assujetties au droit commun fiscal.

Nous devons indiquer suivant quelles règles l'actif mobilier et immobilier doit être constitué quant à la nature de ses éléments, comment cet actif doit-être évalué et enfin les prescriptions qui s'appliquent à l'amortissement des moins-values qui peuvent l'affecter.

---

1. Sur la conservation de la puissance productive des entreprises, voir Décisions de la Commission supérieure des bénéfices de guerre du 28 juin 1918 (*Rec. off.*, n° 304) du 22 mai 1924 (*Rec. off.*, n° 455); sur le caractère de l'impôt cédulaire, impôt permanent, voir, Banès, *op. cit.*, p. 36 et suiv.

Constitution de l'actif mobilier et immobilier, nature et proportion des éléments constitutifs. — Les entreprises d'assurances, de capitalisation et d'épargne ne sont pas libres relativement au placement de leurs fonds disponibles : ces placements sont réglementés et contrôlés. Les dispositions réglementaires qui les concernent sont d'ordre public et doivent être observées à peine de nullité (1). Elles sont édictées par l'article 57 du décret du 8 mars 1922 et le décret du 14 novembre 1917 modifiant l'article 1ᵉʳ du décret du 9 juin 1906 (2). Cette réglementation accorde une préférence très marquée pour les placements en valeurs de l'Etat ou jouissant de la garantie de l'Etat, en obligations à revenus fixes et immeubles. Les placements en actions d'entreprises industrielles et commerciales occupent une place très réduite.

Nous reconnaissons que la réglementation des placements des entreprises d'assurance, de capitalisation et d'épargne n'est pas facile parce qu'une trop grande liberté peut aboutir à des conséquences dangereuses. Cette réglementation s'est appuyée surtout sur ce fait, que normalement les valeurs à revenus fixes peuvent assurer un rendement technique satisfaisant. D'autre part, dans les périodes de calme économique, ces placements conservent, dans

----

1. Sumien, *op. cit.*, n° 203 et note 1; *add*, arrêt Conseil d'Etat du 31 octobre 1924 (*Dalloz hebdomadaire*, 1924, p. 704).

2. Sumien, *op. cit.*, n° 200 et suiv.; Houpin et Bosvieux, *op. cit*, appendice au t. II, n° 31, 65 et 83.

le temps une valeur intrinsèque très stable et la consistance de l'actif de l'entreprise reste très ferme.

Mais, l'expérience de la dernière guerre a prouvé qu'une distribution plus rationnelle des placements peut devenir nécessaire. Elle a montré que l'actif des entreprises peut, en valeur intrinsèque, s'effondrer, et par suite, l'équivalence qui devrait toujours exister entre la valeur en capitaux des engagements contractuels et sociaux d'une part, et la valeur de l'actif qui les représente d'autre part, peut être complètement rompue.

Il nous paraît donc que les entreprises d'assurances doivent, dans le choix des placements dont elles restent libres, envisager surtout ceux qui en cas de crise économique, peuvent contribuer à maintenir la valeur intrinsèque de l'ensemble de l'actif (1).

Evaluation de l'actif des entreprises. — Non seulement la composition de l'actif des entreprises d'assurances, mais aussi l'évaluation de cet actif a été réglementée. En principe, les valeurs figurant à l'actif des entreprises sont estimées : *a*) au prix d'achat ou de revient pour les entreprises contrôlées (décret du 30 janvier 1924 modifiant l'article 3 du décret du 9 juin 1906 ; *b*) au prix d'achat ou de re-

---

1. Comp. Ancey, *op. cit.*, p. 46 ; H. Lefèbvre, *Régime des sociétés d'Assurances sur la vie*, thèse Paris, 1909 ; de Swarte, *op. cit.*, p. 93 et suiv. *Revue d'Economie politique* ; année 1925, t. XXXIX, p. 54 et suiv. p. 338 et suiv.. année 1926, t. XL, p. 397 et suiv., articles de M. A. P. de Mirimonde.

vient ou au cours de la bourse du 31 décembre pour les entreprises non contrôlée (art. 14 du décret du 8 mars 1922).

En période de stabilité économique, il n'existera pas de différences appréciables entre l'évaluation des valeurs au prix d'achat et leur évaluation au cours de la bourse si l'on néglige les différences apparentes de valeurs qui proviennent de l'échéance des coupons. Mais, par suite de variations dans la situation économique, on pourra assister à une hausse ou à une baisse du taux de l'intérêt, à une appréciation variable de la solvabilité des débiteurs, qui auront pour conséquence de modifier la valeur intrinsèque des valeurs. Certaines époques seront donc caractérisées par une différence plus ou moins grande entre la valeur de l'ensemble de l'actif évaluée au prix d'achat et la valeur de l'ensemble de ce même actif évaluée au cours de la bourse du 31 décembre (1).

A la suite de la dernière guerre, l'opposition entre les résultats obtenus par ces deux procédés d'estimation était très profonde ; il convenait, pour rétablir l'uniformité dans les résultats des évaluations, de combler la différence et il est intervenu une réglementation dont le but est de répartir sur une période déterminée le déficit résultant de la baisse des cours des valeurs mobilières.

---

1. M. S. Dumas a consacré une étude très intéressante et actuelle à cette question de l'évaluation des titres au bilan dans le *Bulletin de l'Association des Actuaires Suisses*, 1920, 15e cahier.

Amortissement de la moins-value des valeurs mobilières. — L'amortissement de cette moins-value est réglementé essentiellement par les arrêtés des 3 juillet 1920 et 20 juillet 1920 pour les entreprises contrôlées et par une circulaire du Ministre du Travail du 3 janvier 1925 pour les entreprises non contrôlées.

En principe, l'écart entre l'évaluation des valeurs mobilières au cours de la Bourse du 31 décembre et l'évaluation au prix d'achat doit être comblé jusqu'au 31 décembre 1934 au moyen d'amortissements annuels, égaux à la moins-value non amortie divisée par le nombre d'amortissements restant à effectuer. Les arrêtés du 3 juillet 1920 et 20 juillet 1920 admettent, cependant, l'amortissement des rentes perpétuelles de l'Etat français jusqu'au 31 décembre 1939.

Cette règlementation fixe les obligations minima des entreprises. Certaines compagnies ne font pas usage de ces facilités et amortissent intégralement, à la fin de chaque exercice, la moins-value de leur portefeuille mobilier. Cette conduite a été adoptée par une partie des entreprises créées après la guerre et dont l'actif de formation récente n'a pas été profondément affecté.

Textes fiscaux et administratifs de la gestion patrimoniale. — L'article 82 de la loi du 13 juillet 1925 dispose dans son deuxième paragraphe : « Le revenu net global est constitué par la

« somme du bénéfice net industriel et des *revenus*
« *nets mobiliers et immobiliers de toute nature.* »
Cette disposition est reproduite par l'article 2 du
décret du 28 mai 1926.

Nous avons indiqué qu'il peut intervenir des
amortissements patrimoniaux. Ils sont visés à l'article 3 du décret précité : « Le solde du compte de
« profits et pertes est..... augmenté, le cas échéant...
« des sommes affectées à des amortissements qui
« ne correspondraient pas à une dépréciation effec-
« tive des éléments amortis ou qui ne seraient pas
« aménagés suivant les prescriptions réglemen-
« taires. »

Ces dispositions ont été longuement commentées
par l'Administration dans sa circulaire n° 1464,
pages 21 et suivantes, et surtout, page 29 (éd. off.);
elle a apporté dans sa doctrine des précisions essentielles.

Sont donc incorporés dans le revenu net global
imposable, les revenus nets mobiliers et immobiliers de toute nature, c'est-à-dire, les revenus de
tout l'actif des entreprises. Il semble qu'il conviendrait de définir ces revenus et de les distinguer
des recettes qui ne sont pas des revenus. Cette distinction n'est pas aisée ; elle a fait l'objet de nombreuses recherches dont les résultats ne s'accordent
pas toujours. Nous ne croyons pas qu'il soit nécessaire actuellement de définir la notion de revenu en
matière de bénéfices industriels et commerciaux,
parce que l'Administration a entièrement abandonné

son ancienne thèse de l'imposition des plus-values réalisées et comptabilisées. Cette transformation radicale de conception a été préparée par l'arrêté du Conseil de préfecture de la Seine du 24 mars 1924, admise par la décision ministérielle du 15 septembre 1925 et enfin complétée, à un point de vue très général, par la circulaire n° 1464. On ne saurait donc faire encore état de décisions ou de réponses à des questions écrites antérieures au 15 septembre 1925 (1).

L'Administration admet maintenant que la valeur de l'actif n'intervient plus pour la détermination du bénéfice imposable. La circulaire no 1464 indique que : «..... la décision ministérielle du « 15 septembre 1925, en vertu de laquelle la plus-« value des éléments de l'actif immobilisé ne doit « pas être considérée comme un bénéfice imposable, « implique, par réciprocité, que la moins-value de « ces mêmes éléments n'a pas le caractère d'une perte déductible » (éd. off. p. 22) et plus loin, elle précise : «... il y a lieu de distraire des bases de « l'impôt, conformément à la décision ministérielle « du 15 septembre 1925....., les gains provenant de « la vente de titres ou du remboursement d'obliga-« tions pour un prix supérieur à la valeur d'in-

---

1. Nous devons faire remarquer que la jurisprudence en matière de bénéfices de guerre constitue un domaine propre relativement à la valeur de l'actif. Cette jurisprudence doit être absolument écartée. Entre autres : décision de la com. sup. des bénéfices de guerre du 18 décembre 1926 (*Rec. off.*, n° 456) du 6 mars 1926 (*Rec. off.*, n° 461).

« ventaire compte tenu des amortissement effec-
« tués. »

MM. Allix et Lecerclé avaient déjà émis l'opinion
suivante : « La décision (du 15 septembre 1925) ne
« se prononce pas sur les cas de vente, en cours
« d'exploitation, d'éléments isolés de l'actif (immeu-
« bles, valeurs mobilières, etc.). Elle semble devoir
« conduire à leur exonération et à la réforme des
« solutions administratives en cette matière. » (1)
Cette opinion nous paraît entièrement confirmée (2).

Nous ne pensons pas que l'Administration et
même la jurisprudence puissent revenir sur ces décisions. A notre avis, la question est définitivement
réglée. Il interviendra cependant encore les amortissements industriels qui s'appliquent aux capitaux
mobiliers et immobiliers affectés à l'entreprise. Mais
ces amortissements industriels ont un caractère
particulier. Ils sont des charges d'exploitation dont
l'effet est de neutraliser le dépérissement annuel
d'éléments qui contribuent à la formation du bénéfice industriel ou commercial imposable. L'admission
des amortissements industriels est donc seulement possible parce que ces amortissements con-
courent à la conservation de la substance productive
de l'entreprise.

---

1. Allix et Lecerclé, *op. cit.*, t. I, p. 390, note 1.
2. Add. Réponses à deux questions écrites de M. Bender,
député (*J. O.* du 15 décembre 1925, Débats, Ch. p. 4306 et *J. O.*
du 2 mars 1926, Débats Ch., p. 1114), de M. Brocard, député
J. O. du 23 avril 1926, Débats Ch., p. 1950).

**Revenus mobiliers et immobiliers et amor-
tissement de la moins-value**. — L'article 82 de
la loi du 13 juillet 1925 est formel. Les revenus
mobiliers et immobiliers de toute nature doivent
être compris dans le bénéfice de l'entreprise comme
recettes imposables. Il n'est même pas possible de
distraire les revenus des valeurs que la loi a déclaré
exempts de tous impôts présents et futurs, car, à
notre avis, ces valeurs sont exemptes seulement des
impôts qui devraient les frapper isolément (impôts
sur le revenu des valeurs mobilières, impôt foncier).
Les revenus de ces titres, lorsqu'ils sont incorporés
dans le revenu net global de l'entreprise, perdent
leur caractère de revenus individualisés et forment
une partie non distincte d'un tout qui est le bénéfice imposable de l'entreprise. Cette interprétation
de l'expression : revenus nets mobiliers et immobiliers *de toute nature* nous paraît correspondre à la
volonté du législateur (1).

L'article 82 de la loi du 13 juillet 1925 considère
donc l'actif mobilier et immobilier comme une fraction de l'entreprise, productive de revenus imposables. Il devenait nécessaire de faire supporter à
l'entreprise les charges qui peuvent grever cet actif
mobilier et immobilier.

Parmi ces charges, on songe immédiatement aux
impôts spéciaux et aux frais de gestion et d'entre-
tien qui grèvent chaque élément de l'actif. Toutes

1. Voir Débats, Chambre, deuxième séance du 9 juillet 1925,
p. 3125.

R. Droz10

ces charges sont déductibles du revenu brut et permettent de dégager le revenu net imposable.

Mais l'actif mobilier et immobilier peut avoir à supporter d'autres charges du fait que cet actif n'est pas dissocié de l'entreprise industrielle. Ces charges sont celles qui résultent des moins-values d'actif qui aboutissent à une diminution de la substance productive de revenus imposables. Cette substance productive doit être reconstituée au moyen d'amortissements et nous nous trouvons ainsi en face d'un problème analogue à celui que nous avons rencontré à propos des comptes de commissions escomptées.

Nous avons indiqué plus haut, que ces amortissements sont admis comme charge déductible lorsqu'ils sont aménagés suivant les prescriptions réglementaires (art. 3 du décret du 28 mai 1926). Une entreprise qui fait usage des facilités accordées pour l'amortissement de la moins-value devrait donc se conformer strictement aux amortissements minima exigés et devrait réintégrer dans le bénéfice imposable les excédents d'amortissements qu'elle a pu effectuer. Cette solution rigoureuse ne paraît pas admissible. La moins-value de l'actif est une perte préjudiciable à la sécurité des engagements assumés par les compagnies. Cette perte, normalement, doit être comblée immédiatement. Il convient donc, à notre avis, d'admettre en déduction les amortissements de la moins-value d'actif que les entreprises ont l'habitude d'effectuer. En particulier, les entreprises qui amortissent, chaque année, en totalité, la moins-value de leur actif doivent être encouragées et l'amortissement de la moins-value annuelle doit être intégralement admis en déduction. Cette solution nous paraît être acceptée par l'Administration. (Circ. n° 1464, éd. off., p. 23).

En somme, la moins-value de l'actif des entreprises d'assurances intervient dans la détermination du bénéfice imposable parce que les revenus de cet actif sont des recettes imposables. L'amortissement de cette moins-value prend le caractère d'un véritable amortissement industriel imposé par le fonctionnement financier de l'entreprise. L'Administration fiscale peut montrer plus ou moins de rigueur dans l'admission de ces amortissements. A notre avis, il conviendrait non seulement de respecter les habitudes des entreprises mais aussi de permettre la reconstitution rapide de leur actif, car cet actif représente des engagements que l'Etat lui-même a réglementé dans un but de sécurité sociale.

Nous n'avons traité que de l'amortissement des éléments de l'actif mobilier. Les immeubles possédés par les entreprises peuvent aussi donner lieu à des amortissements. En général, les entreprises d'assurances ne tiennent pas compte du dépérissement annuel de leurs immeubles bien qu'elles en aient le droit. Il nous paraît, cependant, préférable de prendre en considération l'amortissement de l'actif immobilier. Cet actif subit effectivement une dépréciation qui est une charge du revenu, elle doit être déductible dans les conditions du droit commun fiscal (1).

Plus-values de réalisation d'élément d'actif. — Conformément à la décision ministérielle du 15 septembre 1925, les plus-values réalisées sur des éléments d'actif ne sont pas imposables. La Circulaire nᵒ 1464 a précisé d'une façon très nette cette question.

« Par ailleurs, s'agissant d'entreprises qui n'ont
« pas pour objet le commerce des valeurs, il y a lieu
« de distraire des bases de l'impôt, conformément
« à la décision ministérielle du 15 septembre 1925,
« ..... les gains provenant de la vente de titres ou
« du remboursement d'obligations-pour un prix supé-
« rieur à la valeur d'inventaire compte tenu des
« amortissements effectués. Mais il est logique de
« considérer que ces gains doivent normalement être
« affectés à combler les moins-values des postes
« d'où ils sont issus, la partie de ces moins-values
« qui n'est pas couverte de la sorte étant seule
« amortissable sur les bénéfices d'exploitation. Il
« s'ensuit que, pratiquement, les gains envisagés
« doivent être retranchés du compte de profits et
« pertes dans la mesure où ils excèdent l'amortisse-
« ment appliqué aux valeurs mobilières pour le même
« exercice.

1. V. Banès, Thèse précitée et réponses à une question écrite de M. J. L. Régis, député (*J. O.* du 12 janvier 1927, Débats, Ch., p. 9), de M. Vieu, sénateur (*J. O.* du 24 mars 1926, Débats, Sénat, p. 398).

« Pour des raisons analogues, les plus-values réa-
« lisées sur la vente d'immeubles seraient également
« à défalquer après dotation de l'amortissement
« immobilier. » (Circ. n° 1464, éd. off., p. 29) (1).

Mais l'Administration, qui admet d'une part la distraction des bénéfices provenant de réalisation d'éléments de l'actif, voudrait d'autre part affecter ces bénéfices à l'amortissement des moins-values de l'actif. Nous ne pensons pas que cette compensation soit logique car les gains provenant de ventes de titres sont volontaires, tandis que la moins-value mobilière est involontaire. Les entreprises pourraient donc régler leurs décisions de telle façon à rendre non imposable la totalité des plus-values de réalisation d'actif. D'autre part, nous considérons l'amortissement de la moins-value des valeurs mobilière comme une charge obligatoire d'un revenu imposable et ce seul fait nous paraît devoir permettre d'écarter toute compensation de cet amortissement avec les bénéfices provenant de réalisation d'éléments d'actif. Cette thèse de l'Administration nous semble arbitraire et conduire à des inégalités choquantes qui devraient être évitées.

Toutefois, nous croyons pouvoir affirmer que l'ac-

1. Cette thèse de l'Administration permet d'admettre qu'elle a renoncé à l'imposition de toutes les plus-values de réalisation d'actif dans les entreprises soumises au droit commun fiscal. D'ailleurs les moins-values d'actif ne peuvent pas être admises en déduction à l'exception de l'amortissement des locaux et du maté riel affectés à l'exploitation industrielle. Cependant les marchandises étant l'objet même de l'exploitation donnent lieu, par leur vente, à un bénéfice imposable.

tif mobilier et l'actif immobilier doivent être considérés isolément. Nous pensons, qu'en aucun cas, une plus-value immobilière ne pourrait être affectée à un amortissement mobilier ou vice-versa. L'Administration, d'ailleurs, paraît accepter cette séparation nette entre l'actif mobilier et l'actif immobilier.

En général, la détermination des bénéfices provenant de réalisation d'éléments de l'actif sera facile. Ces gains peuvent provenir d'opérations très diverses, par exemple, de ventes, de remboursements, d'amortissements. Nous traiterons le cas particulier de l'amortissement des titres représentatifs d'indemnités pour dommages de guerre, ces titres donnant lieu à des plus-values d'amortissement non imposables.

Plus-value réalisée sur les titres représentatifs d'indemnités pour dommages de guerre. — Les titres représentatifs d'indemnités pour dommages de guerre ont paru procurer aux entreprises d'assurances un placement favorable en raison de sa nature et de sa durée. Les Compagnies se sont efforcées d'acquérir de ces titres et ont réalisé un réel bienfait économique en permettant le remploi immédiat des biens détruits.

L'achat de ces titres ne s'est pas fait pour leur valeur officielle, c'est-à-dire pour la valeur actuelle des annuités évaluées à 6 %. Leur prix d'achat a été déterminé en escomptant les annuités au taux d'intérêt des autres placements, par exemple, au taux

de 8 %, 9 %..... La valeur d'achat était donc, généralement, inférieure à la valeur officielle. Ainsi, à
une annuité trentenaire de 72.649 francs correspond : 1° une valeur officielle (évaluée à 6 %) de
1.000.000 de francs ; 2° une valeur d'achat (évaluée à 10 %) de 684.856 francs (1). Cet exemple servira à notre démonstration.

L'article 3 du décret du 9 juin 1906 modifié par le
décret du 30 janvier 1924 édicte :

D'une part : « Dans les inventaires, les valeurs
« figurant à l'actif sont estimées de la manière sui
« vante :

« 1°....., les titres représentatifs d'indemnités
« pour dommages de guerre institués par l'article 154
« de la loi du 31 juillet 1920, au prix d'achat et en
« tenant compte, à chaque inventaire, des amortis
« sements effectués ; »

D'autre part : « Tous les ans, à la date de la clô
« ture de l'inventaire, chaque société établit la
« valeur que représente, à cette date, ses place
« ments, en adoptant : 1°..... ; 2° pour les titres
« représentatifs d'indemnités pour dommages de
« guerre, les bases d'évaluation fixées par l'article 153
« de la loi du 31 juillet 1920 ;..... »

En d'autres termes, en prenant notre exemple, le
titre sera porté :

---

1. Nous faisons l'évaluation du prix d'achat au taux de 10 %
parce que ce taux est très commode et permet des calculs simples. Ce taux est purement hypothétique et son adoption ne
signifie pas qu'il a servi de base aux tractations.

a) Dans la colonne : valeurs figurant à l'actif, pour le prix d'achat de 684.856 francs amorti à 10 % ;

b) Dans la colonne : valeurs au cours du 31 décembre (1) pour la valeur officielle de 1.000.000 de francs amortie à 6 %.

On constate donc immédiatement que la différence entre la valeur officielle et le prix d'achat s'élevant à 315.144 francs représente une plus-value comptabilisée. Cette plus-value sera nécessairement réalisée par le jeu des amortissements et nous allons montrer dans quelle proportion annuelle, en amorçant les tableaux d'amortissement.

1° *Tableau d'amortissement de la valeur officielle à 6 %.*

	Annuité	Intérêt	Amortissement	Valeur du titre
Fin de la première année.	72.649	60.000	12.649	987.351
Fin de la deuxième année . . .	72.649	59.241	13.408	973.942

2° *Tableau d'amortissement du prix d'achat à 10 %.*

	Annuité	Intérêt	Amortissement	Valeur du titre
Fin de la première année.	72.649	68.486	4.163	680.693
Fin de la deuxième année . . .	72.649	68.069	4.580	676.113

Le titre sera donc porté au bilan dans les colonnes

1. La valeur officielle du titre est en effet portée dans une colonne intitulée : valeurs au cours du 31 décembre et se trouve mélangée avec l'estimation des valeurs mobilières cotées au cours de la bourse de la clôture de l'inventaire.

valeurs figurant à l'actif et valeurs au cours du
31 décembre pour les sommes suivantes :

	Valeur figurant à l'actif	Valeur au cours du 31 décembre
A l'origine.	684.856	1.000.000
A la fin de la première année	680.693	987.351
A la fin de la deuxième année	676.113	973.942

L'entreprise encaissera à la fin de la première
année l'annuité de 72.649 francs. Cette annuité doit
être décomposée en amortissement, bénéfice sur
amortissement et intérêts. Or, la seule valeur du
titre qui ait un sens pratique est la valeur figurant
à l'actif ; il n'est pas douteux que l'amortissement
correspondant à cette valeur soit l'amortissement
réel. On portera donc en amortissement, à la fin de
la première année, 4.163 francs, à la fin de la
deuxième année, 4.580 francs... La différence entre
l'annuité de 72.649 francs et les amortissements
successifs du prix d'achat doit, à son tour, être décomposée en intérêts et bénéfices sur amortissement. A notre avis, les intérêts qui doivent être
portés en compte sont les intérêts du tableau d'a-
mortissement à 6 % basé sur la valeur officielle.
Ces intérêts s'élèvent successivement à 60.000 fr.,
59.241 francs..... Le solde de l'annuité représentera
le bénéfice sur amortissement. Ces bénéfices sur
amortissement s'élèvent donc successivement à
8.486 francs, 8.828 francs......

En résumé, chaque annuité sera décomposée en trois parties comme suit :

	Intérêts	Amortissement	Bénéfice sur amortissement
Première annuité. . .	60.000	4.163	8.486
Deuxième annuité . .	59.241	4.580	8.828

Les bénéfices sur amortissement ainsi dégagés seront à distraire du solde du compte de profits et pertes.

Nous avons terminé l'étude que nous nous étions proposée, du revenu net global des entreprises. Cependant l'article 82 de la loi du 13 juillet 1925 a prévu, que dans le cas de déficit d'exploitation, ce déficit pourrait être déduit du bénéfice imposable des exercices suivants. La loi a donc admis pour les entreprises d'assurances, de capitalisation et d'épargne les reports déficitaires auxquels nous allons consacrer une étude rapide.

C. — Reports déficitaires

Le droit commun fiscal applique encore strictement le principe de la spécialisation des exercices. Malgré les arguments nombreux qui ont été présentés (1), les textes fiscaux de droit commun ne permettent pas l'admission des reports déficitaires. La

---

1. V. Allix et Lecerclé, *op. cit.*, t. I, p. 432 ; articles de M. Lecerclé dans la *Journée Industrielle* du 22 janvier 1925 et dans la *Revue Politique et Parlementaire*, t. 122, 1925, p. 454 et suiv. Banès, thèse précitée.

jurisprudence récente du Conseil d'Etat considère
que la compensation d'un déficit antérieur ne constitue pas une charge ou un amortissement susceptible d'être déduit, en vue de la détermination du
bénéfice net annuel, dans les conditions prévues par
l'article 4 de la loi du 31 juillet 1917 (1). Au contraire, l'article 82 de la loi du 13 juillet 1925 consacre une solution exceptionnelle pour les entreprises d'assurances, de capitalisation et d'épargne.

Textes Fiscaux. — L'article 82 de la loi du
13 juillet 1925 édicte dans son deuxième paragraphe : « Les pertes, s'il y en a, viennent en atté-
« nuation du revenu net global de l'exercice et, en
« cas d'insuffisance, en atténuation du revenu net
« global des exercices postérieurs, jusqu'au cin-
« quième inclusivement ». L'article 3 du décret
du 28 mai 1926, conformément à cette disposition
fait connaître que : « le solde du compte de profits
« et pertes, est..... augmenté le cas échéant,....., des
« reports déficitaires effectués au titre d'un exercice
« antérieur de plus de six ans à l'exercice con-
« sidéré ».

L'Administration a émis cette opinion que « les
« déficits industriels sont admis en atténuation du
« revenu global de l'exercice.... » (circ. n° 1464, éd.
off. p. 25). Nous ne pensons pas qu'il y a lieu de

---

1. Arrêts du Conseil d'Etat du 26 juillet 1926 (*Rec. Dupont*,
1927, p. 66), du 10 décembre 1926 (*Rec. Dupont*, 1927, p. 187), du
26 mars 1927 (D. 1927.3.32).

distinguer les déficits industriels et patrimoniaux. L'article 82 de la loi du 13 juillet 1925 fait allusion à des pertes sans en déterminer la nature. A notre avis, c'est le déficit global, c'est-à-dire, aussi bien le déficit industriel que le déficit patrimonial, qui est déductible. En d'autres termes, si le revenu net global d'un exercice, dégagé suivant les règles que nous avons exposées est négatif, ce revenu net global négatif constitue une perte déductible. Elle viendra en atténuation du revenu net global des exercices successifs jusqu'à absorption complète de la perte. Cette compensation des pertes et des bénéfices est cependant limitée à cinq exercices consécutifs.

L'article 82 de la loi du 13 juillet 1925 devait s'appliquer pour la première fois en 1925 sur les résultats de l'exercice 1924. L'admission des reports déficitaires permet donc de faire état des pertes éprouvées au cours des exercices 1919 et suivants. Toutefois si l'exercice 1919 a donné lieu à une perte qui n'a pu être compensée entièrement dans les exercices suivants, le solde non compensé de cette perte ne pourra plus venir en déduction du revenu net global de l'exercice 1925, l'absorption des pertes étant limitée à cinq exercices. Par contre, la perte non compensée de l'exercice 1920 sera encore déductible, mais pour la dernière fois, des résultats de l'exercice 1925.....

Il va sans dire que les soldes bénéficiaires ou déficitaires qui doivent être pris en considération sont ceux résultant des opérations assujetties à l'impôt et par conséquent, il y a lieu d'exclure les résultats favorables ou défavorables des opérations étrangères à l'imposition.

Nous avons à voir maintenant quel est le domaine d'application des dispositions de l'article 82 de la loi du 13 juillet 1925 dans l'espace.

CHAPITRE III

TERRITORIALITÉ DE L'IMPOT, DOMAINE D'APPLICATION, BÉNÉFICES ÉTRANGERS.

Nous n'avons envisagé, dans notre précédent chapitre, que le cas d'entreprises françaises ne possédant des exploitations et ne pratiquant des risques qu'en France. Nous devons étudier, maintenant, l'application de l'impôt aux bénéfices réalisés par d'autres exploitations que celles situées sur le territoire métropolitain.

Une distinction essentielle doit être faite entre les bénéfices réalisés d'une part, en Algérie dans les colonies ou pays de protectorat, et d'autre part, dans les pays étrangers.

A. — Bénéfices réalisés en Algérie, dans les colonies ou pays de protectorat.

En vertu de l'article 3 de la loi du 31 juillet 1917 seuls les bénéfices réalisés par l'ensemble des entreprises exploitées en France, sont frappés par l'impôt sur les bénéfices industriels et commerciaux (1). Au regard de la cédule de droit commun, les béné-

1. Voir Allix et Lecerclé, t. 1. p. 410 et complément p. 58.

fices réalisés en Algérie, dans les Colonies ou Pays de protectorat ne sont pas imposables et ces territoires sont considérés comme des territoires étrangers.

L'article 82 de la loi du 13 juillet 1925 a introduit une innovation, en assujettissant à l'impôt institué par cet article, les bénéfices réalisés en Algérie, dans les colonies et pays de protectorat.....

Textes fiscaux. — Cette extension de l'impôt à des bénéfices réalisés en dehors du territoire métropolitain résulte, par *à contrario*, du troisième paragraphe de l'article 82 de la loi du 13 juillet 1925 qui, à propos des entreprises étrangères spécifie :

« Pour les entreprises étrangères, le revenu net « global est évalué forfaitairement, en appliquant « aux primes perçues par ces entreprises en France « et dans les colonies ou pays de protectorat... »

Le dernier alinéa de l'article 2 du décret du 28 mai 1926 est très précis : « Le bénéfice net réalisé en « Algérie, dans les colonies ou pays de protectorat « est assujetti aux mêmes règles que les bénéfices « réalisés en France. »

Le législateur a donc entendu étendre l'application de l'impôt à d'autres territoires que le territoire métropolitain et n'a pas prévu les conséquences qui pourraient résulter de cette extension. Or il existe en Algérie, dans les colonies et pays de protectorat, des impôts analogues à la cédule des bénéfices industriels et commerciaux, appliquée sur le territoire métropolitain. Nous ne pouvons entrer dans le détail des impôts qui frappent en Algérie, dans les colonies ou pays de protectorat les entreprises industrielles et commerciales (1). Nous indiquerons cependant les impôts suivants, analogues à la cédule des bénéfices industriels et commerciaux de la métropole :

En Algérie, l'impôt sur le bénéfices industriels et commerciaux, créé par décision des délégations algériennes du 21 juin 1918, homologuée par décret du 30 novembre 1918.

En Tunisie, l'impôt des patentes, créé par décret beylical du 31 décembre 1917.

Au Maroc, l'impôt des patentes établi par l'article 11 du dahir du 9 octobre 1920, avec cette particularité que les sociétés de capitaux sont frappées d'une majoration de droits.

En fait donc, les bénéfices réalisés en Algérie, dans les Colonies et Pays de protectorat sont frappés par deux impôts analogues, par l'impôt institué par l'article 82 de la loi du 13 juillet 1925 et par l'impôt de même nature propre à l'Algérie, à la colonie ou au pays de protectorat. L'article 82 de la loi du 13 juillet 1925 ne supprime pas, d'ailleurs, l'application de l'impôt colonial en vertu du principe de l'autonomie financière des colonies (2). Nous nous

1. Pour l'étude de ces impôts voir Girault, *Principes de colonisation et de législation coloniale*, 5° éd.; Larcher, *Traité élémentaire de législation algérienne*, 3° éd. t. I; Rivière, *Précis de législation marocaine; Journal des Sociétés civiles et commerciales* : année 1926, art. 3253, année 1927, art. 3299 et 3309.

2. V. Allix, *Traité élémentaire de Science des Finances*, 5° édition, 1927.

trouvons donc en présence d'un cas flagrant de double imposition.

Cette situation n'a pas manqué d'être critiquée, car elle pouvait être nuisible au développement de l'assurance, de la capitalisation et de l'épargne, dans des territoires où la métropole avait, au contraire, intérêt à favoriser le développement de ces exploitations.

L'Administration a compris l'injustice et les dangers de cette situation. Une décision ministérielle du 8 mars 1927 a admis que le montant de l'impôt acquitté au profit de l'Algérie, par les entreprises assujetties à l'article 82 de la loi du 13 juillet 1925, pourrait être déduit du montant de l'impôt qu'elles doivent en France et que cette déduction serait faite par voie de dégrèvement d'office (1).

Cette décision n'est applicable qu'à l'impôt acquitté en Algérie, mais, à notre avis, elle devrait être étendue aux impôts analogues à celui institué par l'article 82 de la loi du 13 juillet 1925, acquittés dans les autres colonies ou pays de protectorat.

B. — Bénéfices étrangers.

Les bénéfices réalisés à l'étranger ne sont pas imposables, sous certaines conditions. Il convient de distinguer, 1° les bénéfices réalisés par des exploi-

1. Note circulaire de 16 mars 1927 (*Recueil Dupont*, 1927, p. 258). Sur les diverses acceptions du terme de « double imposition », voir Laufenburger, *L'impôt sur le revenu et les Sociétés commerciales*. Thèse Caen, 1926.

tations situées à l'étranger et 2° les bénéfices réalisés sur des opérations étrangères.

1° Bénéfices réalisés par des exploitations à l'étranger. — Le deuxième alinéa de l'article 2 du décret du 28 mai 1926 est ainsi conçu :

« N'est pas considérée comme exploitée en France,
« la succursale ou l'agence établie à l'étranger, ayant
« une administration et une comptabilité propres,
« lorsque les opérations qu'elle traite concernent,
« soit des biens situés à l'étranger, soit des per-
« sonnes ayant à l'étranger leur domicile ou leur
« résidence habituelle. »

On pourrait croire que ce texte apporte une aggravation du droit commun en exigeant de la succursale ou de l'agence établie à l'étranger une « administration et une comptabilité propres. » Il n'en est rien, et, à notre avis, il suffit, pour que l'agence soit considérée comme exploitée à l'étranger, qu'elle soit placée sous l'autorité de chefs responsables, que cette agence constitue un centre d'exploitation distinct du siège social et qu'une comptabilité, même rudimentaire, puisse permettre de dégager le bénéfice réalisé. En fait, si l'on n'admettait pas des tempéraments à la conception d'autonomie complète quant à l'administration et à la gestion, aucune agence étrangère ne remplirait les conditions pour jouir de l'exemption.

Selon nous, l'agence ou la succursale doit être considérée comme source de bénéfices étrangers si elle satisfait aux conditions dégagées par le droit commun (1).

Le bénéfice net industriel des agences ou succursales établies à l'étranger devra être augmenté en vertu du premier alinéa de l'article 2 du décret du 28 mai 1926 « des revenus nets mobiliers et immo-« biliers de toute nature..... provenant d'immeubles « situés à l'étranger et de valeurs mobilières dépo-« sées à titre de cautionnement ou de garantie dans « lesdits pays étrangers ».

Le revenu net global ainsi dégagé, s'il est compris dans le solde général du compte de profits et pertes, devra en être distrait. Il y aura lieu, cependant, d'affecter aux bénéfices réalisés à l'étranger, une fraction des frais généraux non spécialisés du siège social (voir chapitre précédent, rubrique : frais généraux) (2). Cette fraction des frais généraux, à la charge des bénéfices réalisés par les agences ou succursales étrangères, sera déterminée « suivant « la proportion constatée entre le montant des « primes recueillies par ces succursales ou agences

---

1. Sur l'application du droit commun, v. Allix et Lecerclé *op. cit.*, t. I, p. 410 ; Bocquet, *op. cit.*, p. 231. réponse à une question écrite de M. L. Rollin, député, du 27 juillet 1926 (*J. O.* du 26 sept. 1926 et rapportée dans le *Droit financier*, 1927, p. 78), décisions de la com. des bénéfices de guerre du 18 décembre 1926 (*Rec. off.* n° 456), du 6 mars 1926 (*Rec. off.* n° 461). Cette dernière décision a été prise en matière d'assurances. Voir aussi : Débats, Sénat, 1925, p. 1437).

2. La circulaire n° 1464 (éd. off. p. 26) donne une énumération de ces frais non spécialisés et résout très judicieusement quelques cas particuliers.

« et le montant des primes recueillies par la société »
(art. 3 du décret du 28 mai 1926). Si les primes sont
stipulées en monnaies étrangères, la distribution
des frais généraux doit se faire, selon nous, au prorata des primes évaluées au cours des changes de la
clôture de l'exercice.

Enfin, il nous paraît résulter du premier alinéa de
l'article 2 du décret du 28 mai 1926 que les revenus
provenant d'immeubles situés à l'étranger et de
valeurs mobilières déposées à titre de cautionnement ou de garantie dans lesdits pays étrangers
sont toujours exclus du bénéfice imposable Cette
exclusion doit être faite même si, vis-à-vis du fisc,
l'agence ou la succursale n'est pas considérée comme
étrangère relativement au bénéfice industriel réalisé par elle. L'Administration paraît adopter cette
solution. (Circ. n° 1464, éd. off. p. 13).

2° **Bénéfices réalisés sur des opérations
étrangères.** — Il s'agit, non pas d'exploitations
étrangères, mais d'opérations étrangères particulières prévues au troisième alinéa de l'article 2 du
décret du 28 mai 1926.

« Ne sont pas considérées comme réalisées par une
« entreprise exploitée en France les opérations résul-
« tant, soit de polices d'assurances ou de réassurances
« maritimes émises à l'étranger, soit de traités de
« réassurance obligatoire, passés entre sociétés fran-
« çaises et sociétés étrangères pour des risques situés
« à l'étranger et faisant l'objet d'une comptabilité

« spéciale dans les livres de la société française.
« N'est pas non plus soumis à l'impôt le revenu
« des valeurs mobilières et immobilières constituées
« en cautionnement ou acquises à l'aide des primes
« provenant desdites opérations et laissées en
« garantie soit à l'étranger, pour les polices d'as-
« surances ou de réassurances maritimes émises à
« l'étranger, soit dans le pays de l'entreprise étran-
« gère cédante ou cessiónnaire, pour les traités de
« réassurances obligatoires passés comme il est dit
« ci-dessus » (art. 2, décret du 28 mai 1926).

En vertu de ce texte, les bénéfices réalisés sur les opérations d'assurances ou de réassurances maritimes émises à l'étranger ou sur les opérations de réassurances concernant des risques situés à l'étranger ne sont pas imposables. Il n'est donc pas nécessaire que ces opérations particulières soient effectuées par une agence ou succursale établie à l'étranger pour qu'elles puissent jouir de l'exemption. Il suffit que la comptabilité du siège social permette de dégager les bénéfices réalisés sur ces opérations. En ce qui concerne la réassurance, cependant, le texte exige que les cessions de l'entreprise étrangère à l'entreprise française soient faites par application d'un traité de réassurance obligatoire.

Ces dispositions de faveur sont dues aux avantages économiques que procurent l'assurance maritime et la réassurance. Ces opérations particulières sont en effet favorables à l'intérêt national parce qu'elles déterminent des mouvements de capitaux que la concurrence étrangère s'efforce de réaliser à son profit. Il faut donc approuver sans réserve, les mesures qui peuvent faciliter l'exploitation de ces opérations par des entreprises françaises (1).

1. Comp. avec le régime applicable aux entreprises de navigation maritime (Allix et Lecerclé, *op. cit.*, complément p. 58). Voir aussi : Débats, Chambre, 1925, p. 3127 et 3391.

TROISIÈME PARTIE

Imposition des entreprises étrangères d'assurances, de capitalisation et d'épargne

CHAPITRE PREMIER

BÉNÉFICE FORFAITAIRE ET BÉNÉFICE RÉEL

Les entreprises étrangères d'assurances (1) sont imposables en raison des bénéfices qu'elles réalisent en France, en Algérie, aux colonies et pays de protectorat. Le législateur a fixé leur régime.

Texte légal. — « Pour les entreprises étrangères, «le revenu net global est évalué forfaitairement, en « appliquant aux primes perçues par ces entreprises « en France et dans les colonies ou pays de protecto- « rat, ou correspondant à des risques situés en France « et dans les colonies ou pays de protectorat, un coef-

---

1. Nous ne parlerons que des entreprises d'assurances en raison du fait qu'actuellement, aucune compagnie étrangère ne pratique en France, la capitalisation et l'épargne. Les développements que nous allons faire s'appliqueraient d'ailleurs aux entreprises de capitalisation et d'épargne.

« ficient égal à la proportion existant pour les cinq
« plus prospères entreprises françaises assurant des
« risques de même nature ou exerçant la même
« industrie, entre leur revenu net global calculé
« conformément au paragraphe précédent et le
« montant des primes, toutefois, les entreprises
« étrangères pourront, à charge par elles d'apporter
« à la commission ci-dessous prévue, les justifica-
« tions nécessaires, être imposées suivant les mêmes
« règles que les entreprises françaises » (art. 82 de
la loi du 13 juillet 1925, troisième alinéa). Les
articles 5, 6 et 8 du décret du 28 mai 1926 ont
déterminé les conditions d'application des dispositions précitées.

Ces textes établissent pour les entreprises étrangères un régime d'imposition fondé sur un forfait,
mais ce forfait peut être évité et remplacé par le
régime d'imposition applicable aux entreprises françaises, fondé sur le bénéfice réel.

Les entreprises étrangères pourront obtenir l'imposition sur leur bénéfice réel si elles apportent les
« justifications nécessaires » de ce bénéfice. Elles
devront, à cet effet, tenir et présenter au siège de
leur principal établissement en France, une comptabilité de leurs opérations. Il faut d'abord distinguer suivant que l'entreprise est contrôlée ou non
contrôlée (1).

L'entreprise contrôlée, par application de l'ar-

1. Voir *infra*, deuxième partie, Chapitre 1er, rubrique : Crite-
rium fondé sur la notion de contrôle administratif.

ticle 12 de la loi du 17 mars 1905, était déjà tenue de posséder en France, un siège spécial et une comptabilité spéciale pour tous les contrats souscrits ou exécutés en France et en Algérie. Cette loi a d'ailleurs été étendue à la plupart des colonies. Relativement à ce genre d'entreprises, la comptabilité qui lui est imposée servira de justifications nécessaires.

L'entreprise non contrôlée, par application de ticle 2 de la loi du 15 février 1917, était simplement tenue de faire agréer par le Ministre du Travail, une personne responsable résidant en France. Mais aucune comptabilité ne lui était imposée. Dorénavant, l'entreprise étrangère qui désire se prévaloir du régime d'imposition basé sur le bénéfice réel doit, en vertu du troisième alinéa de l'article 8 du décret du 28 mai 1926 « tenir, en France, une comptabilité ». Cette comptabilité, qui servira de « justifications nécessaires » doit être établie suivant les prescriptions de l'article 8 du décret. Nous étudierons ces dispositions dans le troisième chapitre de la présente partie.

Chaque année, l'entreprise a le choix entre le régime d'imposition forfaitaire et le régime d'imposition sur le bénéfice réel. Ceci résulte de l'article 5 du décret qui dispose : « Les entreprises étrangères « peuvent, *chaque année*, se placer soit sous le « régime forfaitaire de leur revenu net global, soit « sous le même régime d'imposition que les entre- « prises françaises (1). »

i. Le droit commun fiscal, avant la loi du 4 avril 1926 insti-

L'entreprise étrangère peut pratiquer en France, en Algérie, dans les colonies ou pays de protectorat, à la fois des opérations contrôlées et des opérations non contrôlées. A notre avis, cette entreprise devra être imposée suivant le même régime, soit le régime forfaitaire, soit le régime fondé sur le bénéfice réél, pour l'ensemble des exploitations assujetties à l'impôt (1).

L'impôt fera d'ailleurs l'objet d'une cote unique au lieu de la principale agence ou au domicile du représentant, en France, de l'entreprise visée (art. 9 du décret du 28 mai 1926).

tuant le régime unique du bénéfice réel, appliquait déjà le prin-cipe de l'option annuelle pour la catégorie d'assujettis suscep-tibles de se prévaloir de l'évaluation forfaitaire du bénéfice.

1. En ce sens, circulaire de l'Administration des contributions directes, n° 2003 (Nouvelle série) du 15 février 1927 (*Recueil Dupont*, 1927, p. 201).

CHAPITRE II

DÉTERMINATION DU BÉNÉFICE FORFAITAIRE

Textes réglementaires. — L'application du régime d'imposition fondé sur le bénéfice forfaitaire est déterminée par les articles 5 et 6 du décret du 28 mai 1926.

« Pour celles (entreprises étrangères) qui deman-
« dent l'évaluation forfaitaire du revenu imposable,
« les primes perçues dans les territoires relevant de
« leur direction française (France, Algérie, colonies,
« pays de protectorat) ou correspondant à des risques
« situés sur ces mêmes territoires sont retenues
« sous déduction des primes cédées en réassurance
« à des entreprises admises par le Ministre du Tra-
« vail à opérer en France et en Algérie, ainsi que des
« impôts à la charge des assurés.

« Pour la détermination du coefficient applicable
« aux primes afférentes à chaque nature de risques,
« les cinq plus prospères entreprises françaises
« dont les résultats doivent être pris en considéra-
« tion sont choisies parmi celles qui assurent à titre
« exclusif ou principal la même nature de risques
« ou exerçent la même industrie » (art. 5 du décret).

« Le coefficient est déterminé en comparant le

« montant total des revenus nets globaux imposables
« réalisés en France, en Algérie, dans les colonies
« françaises et les pays de protectorat, par les cinq
« entreprises choisies comme il est dit ci-dessus et le
« montant total des primes d'assurances directes ou
« de réassurances perçues par ces mêmes entre-
« prises, dans les mêmes territoires, sous déduction
« des primes cédées en réassurances à des entre-
« prises admises par le Ministre du Travail à opérer
« en France et en Algérie, et des impôts à la charge
« des assurés » (art. 6 du décret).

Ces dispositions complètent le troisième alinéa
de l'article 82 de la loi du 13 juillet 1925 précité.

Il ressort de ces textes que le régime de l'imposition forfaitaire consiste essentiellement dans l'application de coefficients aux primes perçues par l'entreprise étrangère dans les territoires soumis à l'impôt.

Détermination des coefficients. — Les coefficients sont fixés souverainement par une commission
dont la composition est donnée par l'article 82 de la
loi du 13 juillet 1925. Cette commission comprend :
un Conseiller d'Etat en service ordinaire, le Directeur
général de l'Enregistrement ou son représentant, le
Directeur général des Contributions directes ou son
représentant, un inspecteur des Finances, le Directeur
du Contrôle des assurances privées ou son représentant, trois représentants des entreprises françaises,
un représentant des entreprises étrangères (1).

1. C'est la même Commission qui a été chargée de donner son

L'examen de la composition de cette commission, quant à sa tendance, ne peut, à notre avis, être dégagée. On trouve, d'une part, trois représentants de l'Administration des Finances, d'autre part, quatre représentants des compagnies, dont l'opposition de tendance doit être considérée comme naturelle. Mais il serait difficile de dire à quelle tendance appartiennent les deux autres membres qui, en principe, représentent l'élément impartial. Selon nous, la composition de cette commission est très judicieuse et ne peut être sujette à la critique (1).

L'application du régime forfaitaire distingue les entreprises quant à leur nature. A chaque nature d'entreprises, correspondra un coefficient unique. Il fallait donc classer les entreprises suivant leur nature. La commission ci-dessus désignée a résolu le problème en donnant son avis sur les coefficients applicables au calcul de l'impôt dû au titre des années 1925 à 1927 (arrêté du 7 février 1927, *J. O.*, du 8 février 1927).

L'arrêté distingue neuf catégories d'entreprises qui sont les suivantes :

1° Assurances-vie ;

2° Assurances-incendie ;

avis sur les conditions d'application de l'impôt contenues dans le décret du 28 mai 1926.

1. Malgré la fusion de la Direction générale des Contributions directes et de la Direction générale de l'Enregistrement, il faut admettre que l'Administration des Finances continue à avoir trois représentants (y compris l'inspecteur des finances).

3° Assurances-accidents du travail (loi du 9 avril 1898) ;

4° Assurances-accidents (droit commun), contre le vol et « tous risques » ;

5° Assurances contre la mortalité du bétail ;

6° Assurances maritimes ;

7° Réassurances ;

8° Entreprises de capitalisation et d'épargne ;

9° Autres branches non dénommées ci-dessus.

Il n'est pas douteux qu'une énumération des entreprises, suivant leur nature, est difficile ; l'énumération ci-dessus n'est certainement pas parfaite. Nous remarquerons, en particulier, que l'assurance-vie peut donner lieu à des subdivisions résultant des tarifs appliqués, que la réassurance peut être faite dans des domaines très divers, que les entreprises de capitalisation et d'épargne devraient être dissociées. Nous ne critiquons pas, cependant, l'énumération adoptée pour l'application des premiers coefficients parce qu'une énumération trop longue conduirait à des difficultés très considérables et ne réaliserait peut-être pas une distribution plus équitable de l'impôt. Il ne faut pas oublier d'ailleurs, que le forfait est facultatif et que l'option annuelle appartenant aux entreprises leur permet d'en neutraliser l'effet.

La nature des entreprises étant déterminée, il convenait de calculer les coefficients. Ce calcul est fondé sur un critérium de prospérité des entreprises. Le texte légal indique, en effet, que le coefficient résulte de la considération des *cinq plus prospères entreprises françaises* Quelles sont les cinq plus prospères entreprises françaises ? A notre avis, cette question est toute d'appréciation séntimentale et très générale. Les cinq plus prospères entreprises sont, d'après nous, celles qui paraissent fonctionner dans les meilleures conditions, qui présentent le meilleur équilibre financier et qui jouissent d'une réputation de prospérité. Mais nous ne pensons pas que des calculs, immanquablement laborieux, puissent donner de bons résultats. D'ailleurs cette question offre un intérèt théorique secondaire parce qu'elle n'est pas susceptible d'être résolue techniquement.

Les cinq entreprises les plus prospères étant choisies le coefficient est calculé.

Calcul et application des coefficients. — Le texte de l'article 6 du décret indique que le revenu net global de chacune des cinq entreprises choisies est totalisé et comparé au montant des primes perçues. Les primes perçues sont les primes nettes de réassurances cédées à des entreprises admises par le Ministre du Travail à opérer en France et en Algérie par application de la loi du 15 février 1917, et nettes des impôts à la charge des assurés.

Le coefficient obtenu par cette comparaison est appliqué aux primes perçues par l'entreprise étrangère dans le domaine d'application de l'impôt. Pour des raisons d'uniformité, les primes perçues sont

encore les primes nettes de réassurances à des entreprises agréées par le Ministre du Travail et nettes
des impôts à la charge des assurés.

Les primes perçues par l'entreprise étrangère doivent être divisées, s'il y a lieu, suivant la nature
d'exploitation qui les a produites.

Le revenu net global forfaitaire est calculé par le
contrôleur. Ce calcul est facile puisqu'il résulte
d'une simple multiplication. Des erreurs, toutefois,
sont possibles lorsque, par exemple, le coefficient
appliqué n'est pas celui qui correspond au risque
exploité par l'entreprise étrangère.

En somme le régime forfaitaire applicable aux
entreprises étrangères d'assurances a beaucoup d'a-
nalogie avec le système institué par la loi du 16 avril
1924. Ce système concernait les petits commerçants
et consistait dans l'application d'un coefficient unique par profession. Actuellement, le régime forfaitaire n'existe plus dans la cédule de droit commun
et il ne représente dans le système d'imposition,
particulier aux entreprises d'assurances, qu'un procédé purement facultatif.

CHAPITRE III

DÉTERMINATON DU BÉNÉFICE RÉEL

Nous avons vu que les entreprises étrangères d'assurances peuvent être imposées d'après leur bénéfice réel réalisé en France, en Algérie, dans les colonies ou pays de protectorat. Les règles permettant de dégager le bénéfice imposable sont contenues dans l'article 8 du décret du 28 mai 1926.

Texte réglementaire. — « Pour les opérations
« contrôlées, le revenu des entreprises étrangères
« est formé par la totalisation du bénéfice net indus-
« triel réalisé dans les territoires relevant de leur
« direction française et du revenu net des capitaux
« mobiliers ou immobiliers affectés à la garantie des
« opérations effectuées sur ces mêmes territoires.

« Pour les opérations non contrôlées, les entre-
« prises étrangères doivent tenir, en France, une
« comptabilité dans laquelle elles font entrer en
« ligne de compte les dotations normales de réserves
« proportionnelles à leur encaissement de primes et
« à l'encaissement général des primes de la com-
« pagnie. Le revenu net des capitaux mobiliers ou
« immobiliers affectés à la garantie des opérations
« effectuées sur les territoires relevant de la direc-

« tion française s'ajoute au bénéfice industriel réa-
« lisé sur ces territoires.

« Pour les entreprises étrangères réalisant des
« opérations contrôlées et des opérations non con-
« trôlées, les résultats des deux catégories d'opéra-
« tions se totalisent et le total donne le montant du
« bénéfice imposable.

« La part des déductions du compte de profits et
« pertes autorisées pour les entreprises françaises
« par l'article 3 ci-dessus, ainsi que la part des
« frais du siège social susceptible d'être imputée au
« produit ainsi défini, sont évaluées en appliquant
« au montant total de ces déductions ou de ces frais
« la proportion constatée entre le montant des
« primes recueillies dans les territoires relevant de
« la direction française et le montant total des
« primes de l'entreprise ». (art. 8 du décret du
28 mai 1926).

Ce texte distingue nettement les entreprises
étrangères contrôlées et les entreprises étrangères
non contrôlées. Cette distinction était indispensable
car les entreprises contrôlées avaient été invitées,
par application des lois de contrôle, à tenir, en
France, une comptabilité spéciale, tandis qu'au
contraire, les entreprises non contrôlées n'étaient
pas tenues d'établir, en France, une comptabilité
spéciale. L'imposition basée sur le bénéfice réel
exigeant l'existence d'une comptabilité, le décret
devait déterminer les éléments essentiels de cette
comptabilité.

Entreprises contrôlées. — Les entreprises que nous considérons ici sont celles qui pratiquent l'assurance sur la vie (1). Leur comptabilité est réglementée par l'arrêté du 29 juillet 1907 qui prescrit que le compte de profits et pertes doit être dressé conformément à un modèle type (Modèle n° IC) (2). C'est le solde de ce compte de profits et pertes qui devra servir de base à l'imposition après avoir été modifié, éventuellement, dans les mêmes conditions que celles étudiées précédemment à propos des entreprises françaises et prévues par l'article 3 du décret du 28 mai 1926. Le compte de profits et pertes conforme au décret du 29 juillet 1907 comprend en effet : 1° le bénéfice net industriel des opérations réalisées dans le domaine d'application du contrôle, 2° le revenu net des capitaux mobiliers ou immobiliers affectés à la garantie de ces mêmes opérations.

Le décret dispose expressément que le revenu net des capitaux mobiliers et immobiliers qui doit être pris en considération est le revenu net des capitaux affectés à la garantie des opérations effectuées dans le territoire d'application du contrôle. Cette garantie est représentée par des immeubles situés en France et par des valeurs mobilières dépo-

---

1. Il y avait lieu d'ajouter les entreprises qui pratiquent les accidents du travail, entreprises assujetties, elles aussi, à la tenue d'une comptabilité spéciale.

2. *Recueil de documents relatifs aux assurances sur la vie réunis par le Ministère du Travail*, Imprimerie Nationale, 1924, p. 63.

sées à la Caisse des dépôts et consignations dont le total en capital doit égaler les réserves mathématiques, la réserve de garantie et les bénéfices accumulés en faveur des assurés, c'est-à-dire l'ensemble des réserves obligatoires. Cette remarque est essentielle et nous la retrouverons plus loin.

Opérations non contrôlées. — Les entreprises étrangères pratiquant des opérations non contrôlées (assurances en général sauf l'assurance-vie et l'assurance contre les accidents du travail, dans les territoires soumis au contrôle) devront tenir, en France, une comptabilité de ces opérations. Cette comptabilité doit correspondre aux opérations afférentes au domaine d'application de l'impôt. Mais, comme certains postes de cette comptabilité peuvent être évalués de diverses façons, le décret a prévu expressément les dotations normales de réserves et le revenu net des capitaux mobiliers et immobiliers qui doivent être considérés.

Les réserves qui doivent être prises en considérations sont les réserves pour risques en cours et pour sinistres à régler. Ces réserves devront être portées dans la comptabilité tenue en France, dans la proportion des primes encaissées comprises dans cette comptabilité et le montant total des encaissements de la compagnie.

Une difficulté peut surgir. L'entreprise étrangère peut ne pas être assujettie à une règle analogue à celle édictée par le décret du 8 mars 1922 exigeant

une réserve pour risques en cours au moins égale
à 33 % des primes nettes de réassurances. Si l'entreprise étrangère a constitué, dans son bilan général, une réserve inférieure à 33 % du montant des
primes, la comptabilité tenue en France, aurait une
réserve pour risques en cours inférieure au minimum légal de 33 % du montant des primes. A notre
avis, si le cas se présentait, il faudrait admettre en
déduction, la dotation de réserve permettant de
constituer une réserve pour risques en cours au
moins égale à 33 % du montant des primes.

Nous avons vu, d'autre part, pour les entreprises
françaises, que la réserve pour risques en cours
cesse d'être normale lorsqu'elle dépasse 50 % du
montant des primes. Il faut admettre, par analogie,
que la réserve pour risques en cours portée dans la
comptabilité tenue en France, ne peut dépasser le
pourcentage maximum de 50 %.

En d'autres termes, la règle proportionnelle peut
s'appliquer lorsque le résultat obtenu correspond à
une réserve pour risques en cours comprise entre
33 % et 50 % du montant des primes. Si le résultat
sort de ces limites, la réserve pour risques en cours
sera fixée à 33 % au minimum ou à 50 % au maximum
du montant des primes.

Au bénéfice net industriel, il faut ajouter, comme
pour les entreprises contrôlées, le revenu net des
capitaux mobiliers ou immobiliers affectés à la
garantie des opérations effectuées sur les territoires
relevant de la direction française. Or la garantie des

opérations n'est pas réglementée pour les entreprises non contrôlées. Cette garantie des opérations devrait être représentée par des capitaux égaux au montant des réserves pour risques en cours et pour sinistres à régler, capitaux productifs d'intérêts. Ce sont les intérêts de ces capitaux qui devraient venir s'ajouter au bénéfice net industriel.

A défaut de réglementation, à notre avis, la règle la plus logique consiste à calculer le revenu en appliquant au montant des réserves pour risques en cours et pour sinistres à régler portées dans la comptabilité tenue en France, le taux d'intérêt moyen réalisé par l'entreprise dans ses placements. L'Administration paraît adopter cette solution (Circ. n° 1464, éd. off., p. 40).

Nous observons, encore ici, que le revenu net mobilier ou immobilier qui doit être considéré est celui des capitaux affectés à la garantie des opérations. C'est le revenu provenant des réserves pour risques en cours et pour sinistres à régler c'est-à-dire le revenu de réserves obligatoires pour les entreprises françaises. Cette observation doit être rapprochée de celle que nous avons faite pour les entreprises contrôlées.

Le dernier alinéa de l'article 8 du décret prévoit que le solde du compte de profits et pertes pourra subir les modifications prévues par l'article 3 du décret et en particulier supporter une part des frais du siège social. Il dispose, en outre, que ces modifications sont faites dans la proportion du montant des primes recueillies dans les territoires relevant de la direction française et le montant total des primes de l'entreprise.

Il faut remarquer que, parmi les modifications du solde du compte de profits et pertes établi par l'entreprise contrôlée ou l'entreprise non contrôlée, certaines sont propres à la direction française , à notre avis, ces modifications doivent être faites pour leur valeur réelle. Le cas se présente lorsque les assurés de la direction française forment un groupe spécial avec participation dans les bénéfices ; les bénéfices attribués à ce groupe sont déductibles pour leur valeur réelle.

Pour les comparaisons qui peuvent être exigées par la détermination du bénéfice imposable, nous adoptons la solution administrative. « Les éléments « de comparaison exprimés en monnaie étrangère « seront convertis en monnaie française d'après le « cours du change à la date de la clôture du bilan ». (Circ. n° 1464, éd. off., p. 40).

CHAPITRE SPÉCIAL

ÉTUDE COMPARATIVE DES ENTREPRISES FRANÇAISES ET ÉTRANGÈRES D'ASSURANCES

Nous nous proposons de montrer, relativement à l'imposition basée sur le bénéfice réel, l'opposition qui existe entre entreprises françaises et entreprises étrangères au point de vue des revenus nets mobiliers et immobiliers imposables.

Nous avons indiqué que tout l'actif de ces entreprises est représenté par des valeurs mobilières ou des immeubles productifs de revenus. Cet actif peut se décomposer en deux parties :

1º En actif obligatoire ;

2º En actif supplémentaire.

Nous entendons par actif obligatoire celui qui correspond aux réserves obligatoires de l'exploitation industrielle qui sont : *a*) pour les entreprises contrôlées, les réserves mathématiques, la réserve de garantie, les réserves pour risques immédiatement exigibles, *b*) pour les entreprises non contrôlées, les réserves pour risques en cours, les réserves pour sinistres à régler, la réserve légale.

L'actif supplémentaire est celui qui correspond

essentiellement au capital social et aux réserves libres (1).

L'actif obligatoire a droit au revenu net que nous appellerons : revenu net obligatoire. L'actif supplémentaire a droit au revenu net que nous appellerons : revenu net supplémentaire.

Chacun de ces revenus pourra être déterminé en répartissant le revenu net total mobilier et immobilier (compte tenu éventuellement des amortissements mobiliers) proportionnellement aux valeurs de l'actif obligatoire et de l'actif supplémentaire.

Ces distinctions étant faites, il résulte des textes que nous avons étudiés :

1° Pour les entreprises françaises, l'impôt frappe : *a*) le revenu net obligatoire et *b*) le revenu net supplémentaire ;

2° Pour les entreprises étrangères, l'impôt frappe le revenu net obligatoire seulement (2).

Ce n'est certainement pas à cette conclusion que le législateur voulait aboutir, et cependant cette opposition de régime est si évidente dans les textes qu'elle aurait dû être évitée.

Il serait équitable qu'un régime uniforme d'impo-

1. Parmi les réserves libres peuvent être comprises des réserves que le fonctionnement industriel a pu commander. Nous laissons ces réserves cependant dans les réserves libres.

2. Certains prétendent encore que le revenu net total, obligatoire et supplémentaire est imposable, même pour les entreprises étrangères. Cette prétention est peut-être le mobile qui nous fait écrire ce chapitre, car nous sommes convaincus que les entreprises étrangères ne peuvent être frappées que sur le revenu net obligatoire.

sition fût établi car il est injuste que les entreprises françaises soient soumises à un régime plus dur que les entreprises étrangères.

On pourrait songer à aggraver le régime des entreprises étrangères. Il suffirait pour cela de faire frapper par l'impôt un revenu net supplémentaire.

Nous ne pensons pas que ce soit possible en vertu des textes actuels. L'article 8 du décret du 28 mai 1926 est formel ; le revenu qui s'ajoute au bénéfice industriel est le revenu net des capitaux mobiliers ou immobiliers *affectés à la garantie des opérations françaises*. La garantie de ces opérations, c'est l'actif obligatoire strictement réglementé pour les entreprises contrôlées, actif qui correspond aux réserves obligatoires. De plus, l'article 2 du décret a admis l'exclusion, pour les entreprises françaises, des revenus d'immeubles situés à l'étranger et de valeurs mobilières déposées à titre de cautionnement ou de garantie dans lesdits pays étrangers ; il s'agit encore ici du revenu de l'actif obligatoire et cette disposition confirme notre conclusion : les textes n'autorisent l'imposition que du revenu net obligatoire des entreprises étrangères.

Nous ne croyons pas, d'autre part, à la possibilité d'établir un nouveau texte fiscal destiné à frapper un revenu net supplémentaire des entreprises étrangères, d'établir par exemple, un texte déclarant que le revenu net supplémentaire de l'entreprise étrangère sera réparti proportionnellement entre les opérations françaises et les opérations totales (1). Cette répartition se heurterait à une difficulté technique et à une difficulté économique.

Selon nous, une difficulté technique surgirait à cause de la variété de la réglementation de l'assurance dans les divers pays. En France, une entreprise étrangère ne peut pas pratiquer, simultanément, l'assurance-vie et les autres assurances (art. 2 de la loi du 17 mars 1905) (2). L'entreprise étrangère doit donc réduire son exploitation à l'assurance-vie ou aux autres assurances. Au contraire, dans certains pays étrangers, les entreprises peuvent pratiquer toutes les opérations d'assurances et présenter un bilan d'ensemble dans lequel le revenu net supplémentaire total forme un tout non divisible. Or, nous avons vu que l'exploitation des divers risques n'est pas identique ; il devient alors impossible de déterminer dans l'actif supplémentaire total de l'entreprise celui qui correspond aux opérations particulières pratiquées en France. D'autre part, les tarifs appliqués à l'étranger ne sont pas les mêmes que ceux pratiqués en France, les risques exploités sont différents quant à leur nature et à leur étendue. A notre avis, il n'existe aucune relation financière entre l'entreprise étrangère considérée dans son ensemble et la succursale française, et en raison de l'absence de

---

1. Cette question a été agitée, nous ne pouvions donc pas l'éviter.

2. Cette réglementation s'applique aussi aux entreprises françaises, l'assurance-vie doit être pratiquée à titre exclusif.

toute relation financière et technique, il nous paraît impossible de procéder à une aggravation du régime des entreprises étrangères en affectant à la succursale française une part de revenu net qui serait arbitraire et injuste.

A notre avis, une difficulté économique pourrait surgir. L'exploitation, en France, de l'assurance est strictement réglementée et cette réglementation restreint considérablement la liberté d'action des entreprises. Les entreprises contrôlées, en particulier, lorsqu'elles sont étrangères, sont assujetties, non seulement aux règles qui gouvernent les placements, mais aussi au dépôt à la Caisse des dépôts et consignations des valeurs mobilières affectées à la garantie des opérations françaises. Cette réglementation, que nous ne critiquons pas d'ailleurs, n'est pas favorable au développement des entreprises étrangères en France et l'on peut craindre qu'une aggravation de leur régime, au point de vue fiscal, n'oblige les entreprises étrangères à abandonner leurs exploitations en France. Or, cet abandon serait très préjudiciable au développement de l'assurance, en France, car les entreprises étrangères sont un puissant stimulant de l'activité des entreprises en général. D'autre part, les entreprises françaises s'efforcent, depuis quelques années, d'étendre leurs opérations à l'étranger. Cette extension est très favorable à l'intérêt national, et il nous paraît souhaitable d'éviter que les pays étrangers n'établissent, par réciprocité, un régime fiscal qui pourrait enrayer le développement de l'industrie française de l'assurance, à l'étranger. Enfin, en frappant en France, une part quelconque du revenu net supplémentaire réalisé à l'étranger, on pourrait aboutir à une double imposition de caractère international qui serait un recul manifeste dans l'évolution du droit fiscal.

Il faut donc songer à un adoucissement du régime d'imposition des entreprises françaises. La solution est immédiate. Il suffit d'admettre que le revenu net mobilier et immobilier supplémentaire est déductible du revenu net global de l'entreprise. Cette solution logique paraît s'imposer. D'une part, en effet, le revenu net supplémentaire ne concourt pas à la formation du bénéfice industriel et n'échappe pas à l'impôt puisqu'il a été assujetti à l'impôt foncier, à l'impôt sur le revenu des valeurs mobilières ou à l'impôt sur le revenu des dépôts, créances et cautionnements. D'autre part, le revenu net obligatoire qui, lui, concourt à la formation du bénéfice industriel resterait compris dans le revenu net global imposable. N'est-ce pas là que réside véritablement l'adaptation que cherchait à réaliser le législateur ? Nous le croyons, et il est souhaitable que cette solution devienne une réalité parce qu'elle rétablirait l'homogénéité dans l'application de la cédule des bénéfices industriels et commerciaux et permettrait à l'assurance, à la capitalisation et à l'épargne de réaliser son plein développement en France et à l'étranger dans des conditions d'équité indispensables.

CONCLUSION

Arrivé à la fin de l'étude que nous nous étions proposée, nous ne pensons pas avoir épuisé le sujet.

L'étude au point de vue fiscal, de l'assurance, de la capitalisation et de l'épargne est très vaste. Elle nécessite formellement la connaissance approfondie du fonctionnement technique et financier des entreprises qui pratiquent ces opérations très variées et la complexité de ces opérations ne permet de dégager qu'un résultat d'ensemble approximatif du fonctionement de ces entreprises. Nous avons cherché à montrer, en partant d'une notion purement descriptive de ce fonctionnement, quel devait être leur régime vis-à-vis de la cédule des bénéfices industriels et commerciaux.

Le décret du 28 mai 1926 rendu en application de l'article 82 de la loi du 13 juillet 1925 a beaucoup facilité notre tache, grâce à la précision et à l'étendue de ses dispositions. D'autre part, la circulaire de l'Administration des contributions directes du 29 juin 1926 est un document essentiel et abondant qui indique nettement l'interprétation administrative des nouvelles dispositions légales.

On aurait pu penser que ces documents devaient suffire et qu'une étude d'ensemble serait superflue et inutile. Si une opinion semblable nous avait été exprimée, nous aurions certainement répondu que le domaine de l'assurance, de la capitalisation et de l'épargne est inépuisable et donnera lieu pendant de nombreuses années encore, à des recherches pratiques essentielles. Nous aurions ajouté que cette étude peut être faite à des points de vue très divers et qu'en envisageant, comme nous espérons l'avoir fait, le point de vue technique et économique du problème, les solutions peuvent différer de celles du législateur ou de l'administration.

En particulier, nous nous sommes attaché à démontrer que les expressions de réserves nécessaires et de réserves normales créées par le décret du 28 mai 1926 ont été interprétées d'une façon trop étroite par l'administration et que le fonctionnement technique et économique des entreprises exige, habituellement ou exceptionnellement, que la notion de réserves techniques ne soit pas enfermée dans des limites rigides.

L'existence des réserves obligatoires des entreprises d'assurances a été l'occasion d'une étude comparative du fonctionnement de ces entreprises et des entreprises industrielles ordinaires.

Enfin, nous avons dû envisager, non seulement l'imposition des entreprises françaises, mais aussi l'imposition des entreprises étrangères et nous avons rencontré une difficulté que nous n'avons pas cru devoir écarter. Nous avons fait de cette difficulté l'objet d'un chapitre spécial.

Ces quelques points particuliers, dont l'importance n'est plus douteuse, justifient à eux seuls notre travail. Mais nous devions envisager le problème de plus loin, et puisqu'il s'agissait d'étudier l'adaptation d'entreprises particulières à la cédule des bénéfices industriels et commerciaux, nous avons essayé de dégager les conditions qui permettraient de réaliser une adaptation rationnelle.

L'article 82 de la loi de finances du 13 juillet 1925, qui établit le principe de cette adaptation, a été discuté et voté avec la hâte qui caractérise l'élaboration des lois de finances. L'adaptation que cette disposition se proposait de réaliser n'est certainement pas parfaite, nous espérons l'avoir montré.

Le régime fiscal très dur qui s'est abattu sur les entreprises d'assurances, de capitalisation et d'épargne est-il viable ? On peut en douter, car ces entreprises traversent une crise de reconstitution qui justifierait au contraire des ménagements. A l'époque actuelle, les faveurs fiscales peuvent ne pas être souhaitables. Les entreprises d'assurances, d'ailleurs, n'en ont jamais réclamé. Mais si l'équité venait à se réaliser, il faudrait y applaudir. Si, dans la recherehe de cette équité, notre travail peut être de quelque utilité, nous en aurons été récompensé.

BIBLIOGRAPHIE

1. PUBLICATIONS RELATIVES A L'ASSURANCE, LA CAPITALISATION ET L'ÉPARGNE

a) DE CARACTÈRE TECHNIQUE.

Broggi. — Traité des Assurances sur la vie (trad. Lattès). Hermann, Paris, 1907.

Galbrun (H.). — Assurances sur la vie, calcul des primes. Gauthier-Villars, Paris, 1924.

Goury. — Etude technique sur les opérations de capitalisation. (Bulletin Trimestriel de l'Institut des Actuaires français, n° 77, juin 1909).

Laplace. — Œuvres complètes, t. VII. Gauthier-Villars, Paris, 1886.

Poterin du Motel (H.). — Théorie des assurances sur la vie. Dulac, Paris, 1899.

Richard et Petit. — Théorie mathématique des assurances. Doin, Paris, 1922.

Smolensky (P.). — Las Teorias de la reserva matematica en los seguros de vida. Libreria Cami, S. A. Barcelona, 1925.

b) DE CARACTÈRE JURIDIQUE ET PRATIQUE.

Delcros (H.). — Manuel pratique des assurances sur la vie. Gout et C.e. Orléans, 1913.

Deschamps (H.). — Comptabilité des assurances. Vitte, Paris, 1920.

Girard (J.). — Eléments d'assurances. Dulac, Paris, 1921.

Hémard (J.). — Théorie et pratique des assurances terrestres. Sirey, Paris, 1924.

Houpin et Bosvieux. — Traité des sociétés, 5 éd., 5ᵉ tirage. Sirey, Paris, 1925.

Perreau (E.-H.). — Manuel des agents d'assurances. Rivière, Paris, 1922.

Pol de Corbier. — Entreprises et contrats de capitalisation et d'épargne (Revue de l'épargne, éditeur, 1 *bis*, rue d'Athènes, Paris, 1920).

Recueils de documents relatifs aux assurances, réunis par le Ministère du Travail. Imprimerie Nationale, Paris.

Sumien (P.). — Traité théorique et pratique des assurances terrestres et de la réassurance, 2ᵉ éd. Dalloz, 1927.

Thèses.

Ancey. — Théorie et pratique des opérations d'assurances. Paris, 1906.

Chevallier. — De l'assurance mutuelle et de ses principales applications. Paris, 1904.

Julliot de la Morandière. — De la réserve mathématique des primes d'assurances. Paris, 1909.

Lefebvre. — Régime des sociétés d'assurances sur la vie. Paris, 1909.

Maze. — Etude juridique du risque dans l'assurance sur la vie. Paris, 1905.

Pannier. — De l'autorisation et de la surveillance des sociétés d'assurances sur la vie. Paris, 1905.

Perrot. — L'assurance mutuelle agricole contre l'incendie. Paris, 1921.

Pigasse. — Etude sur la formation des bénéfices dans les compagnies d'assurances sur la vie et sur la participation des assurés à ces bénéfices. Toulouse, 1914.

Séguin. — Le courtier d'assurances terrestres. Paris, 1926.

Swarte (de). — De la mutualité en assurance-vie en France. Caen, 1912.

Tacquet. — La réserve légale dans les Sociétés anonymes. Paris, 1925.

Revues techniques et pratiques.

Argus.

Bulletin de l'Association des Actuaires suisses. Stampfli et Cie, Berne.

Bulletin trimestriel de l'Institut des Actuaires français. Dulac, Paris.

Journal de l'Assureur et de l'Assuré.

Semaine.

Réassurance (La).

2. PUBLICATIONS TRAITANT DES IMPOTS

Allix (Edg.). — Traité élémentaire de science des finances et de législation financière, 5e édition. Rousseau, Paris, 1927.

Allix (Edg.) et Lecerclé (M.). — L'impôt sur le revenu, 2 vol. et complément. Rousseau, Paris, 1926.

Bayart (P.). — Les effets de l'inflation sur le bilan au point de vue fiscal, 2e éd. Sirey, Paris, 1926.

Bocquet (L.). — L'impôt sur le revenu cédulaire et général. 1 vol. et supp. 3e éd Sirey, Paris, 1926 et 1927.

Bonnin (P.). — Le bénéfice net des entreprises industrielles et commerciales. Dalloz, Paris, 1927.

Colin (Ch.-A.). — La notion de revenu en matière de législation fiscale. Dalloz, 1924.

Imbrecq (F.). — Traité de l'impôt cédulaire sur les bénéfices industriels et commerciaux. Libr. fiscale. Paris, 1926.

Thèses.

Banès. — Les amortissements industriels, les réserves et le report à nouveau au point de vue fiscal. Paris, 1925.

Laufenburger. — L'impôt sur le revenu et les Sociétés commerciales. Caen, 1926.

Lecerclé. — L'impôt cédulaire sur les bénéfices industriels et commerciaux. Paris, 1922.

Pagès. — De la détermination du bénéfice réel. Toulouse, 1925.

Vandame. — La notion de revenu dans le régime fiscal des sociétés en France. Lille, 1926.

Revues.

Bulletin des Contributions directes et du cadastre (Recueil Dupont).

Journal des Economistes.

Journal des Sociétés.

Recueil périodique Dalloz (D.).

Recueil de décisions de la Commission supérieure des bénéfices de guerre. Imprimerie Nationale (Rec. off.).

Recueil Sirey (S.).

Revue d'économie politique.

Revue politique et parlementaire.

TABLE DES MATIÈRES

DEUXIÈME PARTIE

IMPOSITION DES ENTREPRISES FRANÇAISES D'ASSURANCES,
DE CAPITALISATION ET D'ÉPARGNE.

TROISIÈME PARTIE

IMPOSITION DES ENTREPRISES ÉTRANGÈRES D'ASSURANCES, DE CAPITALISATION ET D'ÉPARGNE.

7879 — Imp. Jouve et Cie, 15, rue Racine, Paris — 11-1927.

www.ingramcontent.com/pod-product-compliance
Ingram Content Group UK Ltd.
Pitfield, Milton Keynes, MK11 3LW, UK
UKHW020245180726
13839UKWH00001B/179